古代美術史研究

四　編

第 **14** 冊

漢中石門摩崖石刻群書法文化研究（中）

陳　思　著

花木蘭文化事業有限公司

國家圖書館出版品預行編目資料

漢中石門摩崖石刻群書法文化研究（中）／陳思 著─初版
─ 新北市：花木蘭文化事業有限公司，2019〔民108〕
目 8+152 面；19×26 公分
（古代美術史研究 四編；第 14 冊）
ISBN 978-986-485-762-3（精裝）
1. 石刻 2. 文化研究 3. 漢代
618   108001559

ISBN-978-986-485-762-3

9 789864 857623

古代美術史研究
四 編 第十四冊   ISBN：978-986-485-762-3

漢中石門摩崖石刻群書法文化研究（中）

著　　者　陳思
總 編 輯　杜潔祥
副總編輯　楊嘉樂
編　　輯　許郁翎、王筑　美術編輯　陳逸婷
出　　版　花木蘭文化事業有限公司
發 行 人　高小娟
聯絡地址　235 新北市中和區中安街七二號十三樓
　　　　　電話：02-2923-1455／傳真：02-2923-1452
網　　址　http://www.huamulan.tw 信箱 hml 810518@gmail.com
印　　刷　普羅文化出版廣告事業
初　　版　2019 年 3 月
全書字數　410724 字
定　　價　四編 23 冊（精裝）台幣 66,000 元

漢中石門摩崖石刻群書法文化研究（中）

陳思　著

目

次

上　冊

緒　論 ··· 1

第一節　研究緣起 ······························· 1

第二節　現有研究成果 ························· 4

第三節　研究總框架及設想 ················· 6

第一章　石門摩崖群遺址復原與現狀考察 ········ 11

第一節　石刻群整體區域總述及概念復原圖景 ····· 12

第二節　中心區及十大分區石刻群復原及信息
　　　　匯總 ····································· 18

第三節　殘存經典石刻手摹復原與現狀描述 ······· 34

第四節　研究新發現及勘正前人著述之誤 ········· 53

第二章　石門摩崖群發展成型歷史重構 ············ 75

第一節　東漢石刻源生與初具規模 ··········· 77

第二節　魏晉延續與「母碑群」成型 ·········· 86

第三節　南宋「景觀化」與首次復興 ·········· 98

第四節　清代訪碑熱與廢墟再度復興 ········· 110

第五節　石門的最後輝煌、危機與落幕 ········· 119

第三章　石門摩崖群文史價值初探⋯⋯⋯⋯⋯⋯ 127
　第一節　文本分類與文體風格解讀 ⋯⋯⋯⋯⋯ 128
　第二節　文本主體意識與留名心態探究⋯⋯⋯⋯ 153
　第三節　石刻文獻「公共史傳」的史料價值 ⋯⋯ 176
　第四節　蜀道母題與石門文本的審美張力⋯⋯⋯ 198

中　冊

第四章　石門摩崖群書法價值研究⋯⋯⋯⋯⋯⋯ 211
　第一節　石門石刻書法字體研究與概述⋯⋯⋯⋯ 212
　第二節　《大開通》《石門頌》兩大漢隸經典書風
　　　　　⋯⋯⋯⋯⋯⋯⋯⋯⋯⋯⋯⋯⋯⋯⋯⋯ 216
　第三節　魏楷《石門銘》書風與雜糅之美⋯⋯⋯ 242
　第四節　宋隸式微下石門隸書逆時代興盛⋯⋯⋯ 260
　第五節　碑學視野下的清代石門書風⋯⋯⋯⋯⋯ 272
　第六節　清代碑學對石門漢魏書法「經典化」闡釋
　　　　　⋯⋯⋯⋯⋯⋯⋯⋯⋯⋯⋯⋯⋯⋯⋯⋯ 276
　第七節　石門書史定位與美學價值的當今啓示 ⋯ 281
第五章　石門摩崖群刊刻藝術試析⋯⋯⋯⋯⋯⋯ 291
　第一節　摩崖的工藝流程與碑刻的比較⋯⋯⋯⋯ 293
　第二節　石門摩崖選址與石質因素 ⋯⋯⋯⋯⋯ 301
　第三節　石門摩崖形制與布局特色 ⋯⋯⋯⋯⋯ 310
　第四節　石門摩崖刊刻與時代遞變 ⋯⋯⋯⋯⋯ 318
　第五節　拓片誤差與回歸原石 ⋯⋯⋯⋯⋯⋯⋯ 350

下　冊

第六章　石門摩崖群的當代價值與文化審美新探 363
　第一節　摩崖群評價體系與石門摩崖之定位 ⋯⋯ 364
　第二節　石門摩崖群傳播媒介的特色⋯⋯⋯⋯⋯ 372
　第三節　廢墟審美與石門精神的當代重構⋯⋯⋯ 384
結　語 ⋯⋯⋯⋯⋯⋯⋯⋯⋯⋯⋯⋯⋯⋯⋯⋯⋯ 399
參考文獻 ⋯⋯⋯⋯⋯⋯⋯⋯⋯⋯⋯⋯⋯⋯⋯⋯ 405
作者鳴謝 ⋯⋯⋯⋯⋯⋯⋯⋯⋯⋯⋯⋯⋯⋯⋯⋯ 413
附錄：石門漢魏摩崖石刻現狀具體描述 ⋯⋯⋯⋯ 415
附表：石門石刻信息匯總表 ⋯⋯⋯⋯⋯⋯⋯⋯⋯ 475

圖表目錄

注：圖 126、表 27，共 153 個，由筆者繪製（原石、拓片、景物除外）

圖：

緒論《漢中石門摩崖群石刻群書法文化研究》論文
總體框架 ………………………………………… 9

圖 1.1　石門摩崖石刻整體區域分佈示意圖 ……… 15

圖 1.2　石門摩崖石刻總區域地理分佈圖示 ……… 16

圖 1.3　古褒斜道、連雲棧道、唐文川道關係圖示 · 17

圖 1.4　石門石刻中心區：古石門隧道石刻分佈復
原概念圖 ……………………………………… 19

圖 1.5　石門南一區：石門南崖褒水沿岸石刻分佈
復原概念圖 …………………………………… 21

圖 1.6　石門南二區：雞頭關區石刻分佈復原概念圖 · 23

圖 1.7　石門南三區：玉盆景區石刻分佈復原概念
圖 ……………………………………………… 24

圖 1.8　石門南四區：山河堰（河東店）石刻分佈
復原概念圖 …………………………………… 25

圖 1.9　石門南五區：唐褒城驛站和漢中府城區石
刻分佈復原概念圖 …………………………… 26

圖 1.10　石門北一區：天心橋區石刻分佈復原概念
圖 ……………………………………………… 27

圖 1.11　石門北二區：連雲棧道（南段特區）石刻
分佈復原概念圖 ……………………………… 28

圖 1.12　石門北三區：觀音碥（萬年橋）區石刻分
佈復原概念圖 ………………………………… 29

圖 1.13　石門北四區：馬道驛區石刻分佈復原概念
圖 ……………………………………………… 30

圖 1.14　石門北五區：褒水源流區石刻分佈復原概
念圖 …………………………………………… 31

圖 1.15　石門石刻各時代總體數、質發展狀況圖示
………………………………………………… 32

圖 1.16-1　《大開通》（《鄐君開通褒斜道》）摩崖
刻石 …………………………………………… 37

圖 1.16-2　《大開通》（《鄐君開通褒斜道》）摩崖
拓片 …………………………………………… 37

圖1.17 《大開通》(《鄐君開通褒斜道》)摩崖復原
手摹圖 ·················38

圖1.18-1 《石門頌》摩崖原刻石 ·············39

圖1.18-2 《石門頌》摩崖刻石拓片 ············40

圖1.19 《石門頌》摩崖復原手摹圖 ··········41

圖1.20 《楊淮表紀》摩崖拓片 ·············43

圖1.21 《楊淮表紀》摩崖復原手摹圖 ········43

圖1.22 《李君表》摩崖拓片 ···············44

圖1.23 《李君表》摩崖復原手摹圖 ··········44

圖1.24 《石門銘》摩崖拓片 ···············45

圖1.25 《石門銘》摩崖復原手摹圖 ··········46

圖1.26 《石門銘小記》摩崖拓片 ············47

圖1.27 《石門銘小記》摩崖復原手摹圖 ·······47

圖1.28 《李苞通閣道題名》摩崖拓片 ········48

圖1.29 《李苞通閣道題名》摩崖復原手摹圖 ····48

圖1.30 《山河堰落成記》摩崖拓片 ··········49

圖1.31 《山河堰落成記》摩崖復原手摹圖 ·····49

圖1.32 《石門》摩崖原石照片 ·············50

圖1.33 《石虎》摩崖石刻 ················51

圖1.34 東漢《玉盆》摩崖原石 ·············51

圖1.35-1 東漢《袞雪》摩崖刻石 ···········52

圖1.35-2 東漢《袞雪》摩崖拓片 ···········52

圖1.36 晉《潘宗伯、韓仲元造橋閣題記及復刻李
苞題記》拓片 ·············52

圖1.37 晏袤《釋大開通》局部 ············53

圖1.38 晏袤《釋潘韓造橋閣及李苞通閣道題記》
局部 ··················53

圖2.1 各時期石門石刻發展高低潮波段圖 ······77

圖2.2 古蜀道交通示意圖 ···············79

圖2.3-1 《大開通》摩崖拓片 ············82

圖2.3-2 《何君開閣道》摩崖拓片 ·········82

圖2.4 漢中在中國的地理位置 ············87

圖2.5 劉邦出漢中還定三秦路線 ··········88

圖 2.6　東漢先零羌寇亂三輔示意圖 ⋯⋯⋯⋯⋯ 88

圖 2.7　三國蜀魏對峙前線——漢中 ⋯⋯⋯⋯⋯ 91

圖 2.8　諸葛亮據漢中伐魏線路 ⋯⋯⋯⋯⋯⋯⋯ 91

圖 2.9　魏滅蜀取漢中戰爭圖示 ⋯⋯⋯⋯⋯⋯⋯ 93

圖 2.10　東晉成漢政權割據漢中 ⋯⋯⋯⋯⋯⋯ 94

圖 2.11　北魏時期魏與宋必爭之地——梁州 ⋯⋯ 95

圖 2.12　北朝後期東、西魏與梁對峙要地——梁州
　　　　 ⋯⋯⋯⋯⋯⋯⋯⋯⋯⋯⋯⋯⋯⋯⋯⋯ 95

圖 2.13　宋金對峙前線——漢中（興元府）⋯⋯ 100

圖 2.14　石門摩崖群主要區域發展狀況及動因圖 123

圖 4.1　石門石刻各字體所佔百分比圖示 ⋯⋯⋯ 213

圖 4.2　石門各時代石刻字體數量柱狀圖 ⋯⋯⋯ 214

圖 4.3　主要石門石刻區域字體情況變化圖示 ⋯⋯ 215

圖 4.4　篆隸過渡時期——古隸代表 ⋯⋯⋯⋯⋯ 220

圖 4.5　《大開通》與《石門頌》風格比較 ⋯⋯⋯ 221

圖 4.6　《大開通》結體特色 ⋯⋯⋯⋯⋯⋯⋯⋯ 222

圖 4.7　漢隸風格比較 ⋯⋯⋯⋯⋯⋯⋯⋯⋯⋯ 233

圖 4.8　《石門頌》點畫形態與眾漢碑差異 ⋯⋯⋯ 234

圖 4.9　《石門頌》結構形式分析 ⋯⋯⋯⋯⋯⋯ 235

圖 4.10　《石門頌》章法精妙 ⋯⋯⋯⋯⋯⋯⋯ 236

圖 4.11　《楊淮表紀》與《石門頌》點畫比較 ⋯⋯ 239

圖 4.12　《楊淮表紀》與《石門頌》結體之比較 ⋯ 240

圖 4.13　《楊淮表紀》與《石門頌》布局之比較 ⋯ 241

圖 4.14　《始平公》《鄭文公》《石門銘》筆調比較
　　　　 ⋯⋯⋯⋯⋯⋯⋯⋯⋯⋯⋯⋯⋯⋯⋯⋯ 252

圖 4.15　《石門銘》筆劃雜糅非典型性 ⋯⋯⋯⋯ 253

圖 4.16　《石門銘》結體 奇趣橫生之一 ⋯⋯⋯ 254

圖 4.17　《石門銘》結體 奇趣橫生之二 ⋯⋯⋯ 254

圖 4.18　《石門銘》結構特徵跨越不同時代 ⋯⋯ 256

圖 4.19-1　《石門銘》篇章布白——楷法與草法
　　　　　 精神雜糅的特殊平衡 ⋯⋯⋯⋯⋯⋯ 257

圖 4.19-2　《石門銘》局部拓片圖例 ⋯⋯⋯⋯⋯ 258

圖 4.20　晏袤《山河堰落成記》摩崖拓片 ⋯⋯⋯ 262

圖 4.21　漢《曹全碑》（局部） ⋯⋯⋯⋯⋯⋯⋯ 263

圖 4.22　漢《乙瑛碑》（局部）…………………… 264

圖 4.23　《山河堰》晏袤書與「魏王」書「袞雪」
　　　　筆調比較 …………………………………… 267

圖 4.24　宋代石門隸、楷題刻風格各異 ………… 271

圖 4.25　清代帖學籠罩諸體皆備 ………………… 275

圖 5.1　《張遷碑》《西狹頌》《衡方碑》之碑額 ·· 312

圖 5.2-1　《西狹頌》裝飾之五瑞圖 ……………… 313

圖 5.2-2　《鮮于璜碑》碑型及裝飾圖案 ………… 313

圖 5.3-1　簡書《武威漢簡》 ……………………… 314

圖 5.3-2　居延漢簡 ………………………………… 314

圖 5.4　《大開通》單刀鑿刻 ……………………… 324

圖 5.5　《大開通》崖面結體布局特點 ………… 325

圖 5.6　《石門頌》單刀為主　複刀修飾 ……… 328

圖 5.7　《石門頌》崖面石質對刻痕之影響 …… 329

圖 5.8　《石門頌》試刻現象 ……………………… 329

圖 5.9　《石門頌》崖面凹凸　刻痕隨勢賦形 … 330

圖 5.10　《石門頌》主體布局豎有行橫有列 …… 331

圖 5.11　《石門頌》與《西狹頌》刻痕形與勢比較
　　　　 …………………………………………… 332

圖 5.12　《石門銘》U 型刀口為主　複刀修飾 … 336

圖 5.13　《石門銘》刻痕筆調豐富 ……………… 337

圖 5.14　《石門銘》走之底刻痕豐富　形態各異 … 338

圖 5.15　《石門銘》刻痕轉折交接處多圓轉 …… 339

圖 5.16　《石門銘》刻痕虛實處理 ……………… 340

圖 5.17　《石門銘》面對裂紋處理方法 ………… 342

圖 5.18　《石門銘》崖面粗礪　刻痕細膩 ……… 343

圖 5.19　《石門銘》一字一景 …………………… 344

圖 5.20　《山河堰落成記》刻痕 V 型為主 …… 346

圖 5.21　《山河堰落成記》刻痕程式化（以波磔長
　　　　橫為例） ………………………………… 347

圖 5.22　《山河堰落成記》刻痕轉折突兀（以豎鉤
　　　　刻痕為例） ……………………………… 348

圖 5.23　《山河堰落成記》刻痕「飛白」造作 … 349

圖 5.24-1　對照原刻　拓片誤差（《石門頌》
　　　　　《石門銘》為例）……………………… 354

圖 5.24-2　《大開通》對照原刻　再現拓片誤差 ···· 355

圖 5.25　《石門頌》崖面起伏　拓片字痕與布局變形
　　　　··· 356

圖 5.26　《石門銘》崖面凹凸　拓片字痕與布局變形
　　　　··· 357

圖 5.27　《石門銘》拓片與原刻比較，筆意略有
　　　　失眞 ··· 358

圖 5.28　通過拓片對原石鑒別的誤判現象──
　　　　以《石門頌》幾個字例說明 ············ 360

圖 6.1　媒介文化傳播過程 ······················ 373

圖 6.2　碑刻媒介與摩崖群媒介傳播文化流程之
　　　　差異 ··· 377

圖 6.3　「石門摩崖群」與「新媒體」傳播核心
　　　　理念相通 ··································· 378

圖 6.4　石門摩崖群與新媒體傳播特徵比較 ······ 380

圖 6.5　石門摩崖群相對新媒體的獨特審美優勢 ·· 384

圖 6.6-1　希臘帕特農神廟 ······················ 386

圖 6.6-2　羅馬萬神殿 ···························· 386

圖 6.7-1　秦咸陽宮遺址圖 ······················ 386

圖 6.7-2　阿房宮遺址夯土臺基 ·················· 386

圖 6.8-1　古「石門」故地遺址 ·················· 388

圖 6.8-2　石門隧道內摩崖石刻分佈圖 ············ 388

圖 6.9　東漢石棺前擋半啟門畫像 ················ 394

圖 6.10　車馬出行畫像石拓片局部 ··············· 394

圖 6.11　墓室甬道 ································· 394

圖 6.12　古「石門」大字 ························· 398

《漢中石門摩崖石刻群書法文化研究》結論總框架
　　　　··· 404

表格

表 1.1　各時期石門石刻區域增長統計表 ·········· 33

表 2.1　石門隧道內石刻發展變化及動因圖表····· 124

表 2.2　各時期石門南崖石刻發展變化及動因圖表· 125

表 3.1　石門文體分類表 ························· 128

表 3.2 《石門頌》《郙閣頌》《西狹頌》行文框架
比較 ……………………………………………… 157

表 3.3 《石門頌》《石門銘》並列二主之結構對比
簡表 ……………………………………………… 163

表 3.4 石門史料與史書記載串聯褒斜道路歷史
脈絡 ……………………………………………… 178

表 3.5 石門史料與史書記載串聯之山河堰水利
工程修建歷史 …………………………………… 185

表 3.6 有關《石門銘》《魏書》《羊祉墓誌銘》
對羊祉評價之比較 ……………………………… 191

表 4.1 漢中石門各時期各區域石刻字體統計表 ‥ 213

表 4.2 主要石門石刻區域發展時段字體變化情況
簡表 ……………………………………………… 215

表 5.1 摩崖與碑刻製作流程對比 ………………… 298

表 5.2 國內摩崖主要石質類型及特徵 ………… 306

表 6.1 中西方「廢墟」審美文化之比較 ……… 386

第四章　石門摩崖群書法價值研究

　　本章主題：「書藝瑰寶」。石門石刻是書法藝術的寶庫。其書法價值歷來爲書界所重，其中「漢魏精品」在書法領域聞名遐邇，其美感令人神往。《大開通》是篆隸過渡時期古隸的代表，《石門頌》與《石門銘》分別爲漢隸和魏楷體系一類風格的代表，均爲經典的書法範本，成爲眾多書者取之不盡的靈感源泉，在書論中受到廣泛讚譽，被奉爲神品，幾乎神妙不可端倪。然而究竟是何等形式造成了這般出神入化、令人歎服的美感？筆者以爲，這是一種形式喚起的通感，整體線條結構和章法在人心裏造成的整體印象。古代書論喜歡將通感的結果進行形象化的風格描述，其體驗式研究，從整體觀感出發，以印象評價風格，雖然非常形象概括了觀感，但是不具體，難以與其實體形式掛鉤；而如果單獨討論線質，從而研究筆劃結構章法，又將形式和風格二者割裂開來，難以總體把握。本書意想具體探討什麼樣的特殊線條、結構方式會喚起某種的形式通感。以及這種通感的形式如何產生與呈現。擬借鑒圖像學微觀細化圖像的分析手段，或可以彌補古代書論體驗式研究的缺憾，給予這種美感體驗以新的闡釋。

　　另外值得關注的是，石門石刻書法在書法史研究中呈現兩極分化的現象，幾方漢魏經典摩崖研究由古至今不斷持續升溫。而宋清等時代數百方碑刻，幾乎無人問津。作爲石門石刻書法的龐大「基數」，其字體情況、風格特徵，在書法史中藝術價值如何？其所具有的書法史研究價值，眞實完整地保留了各時代書風，尤其是隸書，或可以塡補宋代書法史研究的空白。此外，對於考察各時代字體書風演變，亦有著非凡的意義，同時也對石門石刻群書法風格整體宏觀的把握有著不可忽略的作用。石門十三品是隨著碑學興盛而

風靡於世，在同樣的金石學興盛的背景下，宋代未把十三品視爲經典範本，而在清代碑學視野裏卻成爲神品，此與清代碑學家闡釋有關，縱觀石門十三品從「非經典」走向「經典化」之歷程，造成這種兩極分化的緣由值得研究與思考。

本章第一節，以統計表的形式對百餘方石門石刻整體的字體狀況進行宏觀把握；第二節、三節主要深入圖像，從微觀細化的圖像形式分析入手，探究漢魏經典石門石刻隸書、楷書的書法形式美以及形成獨特流派風格之因素；第四節、五節分別探究石門在宋、清這兩個時代沈寂不爲世人所熟知的大量石刻的書風面目及其書法史價值地位；第六節探討石門石刻在清代碑學視野中走向「經典化」的歷程，並以橫縱座標的對比，探尋其在書法史中的地位。

第一節　石門石刻書法字體研究與概述

石門石刻書法歷經近二千年發展，數目相當可觀，風格亦十分多樣，且歷代書作皆有留存，期間包括漢、魏、隋、唐、宋、元、明、清。而以漢魏、宋代、清代爲三座高峰，隋唐、元明爲低谷。

就字體類型而言，石門石刻中諸體皆有，其保留了篆、隸、楷、行、草等字體。以隸書、楷書爲主體，其數目最多，也最爲經典，成爲書法之瑰寶。以篆書、行書、草書等字體爲輔，不但數目少，且寂然無名。

就其在書法史上的經典度而言，漢魏石刻數目雖然不是最多，占石刻總數 9%，但是在書法史上擁有最著名的「石門十三品」的《大開通》《石門頌》與《石門銘》等，由此可見，石門石刻字體中隸書、楷書在書法史中最爲著名。

有關石門石刻書法各時代、字體統計情況結論以圖、表方式呈現。共兩個統計表，三個圖：

表 4.1 漢中石門各時期各區域石刻字體統計表

表 4.2 主要石門石刻區域發展時段字體變化情況簡表

圖 4.1 石門石刻各字體占總數百分比圖示

圖 4.2 石門各時代石刻字體數量柱狀圖

圖 4.3 主要石門石刻區域字體情況變化圖示

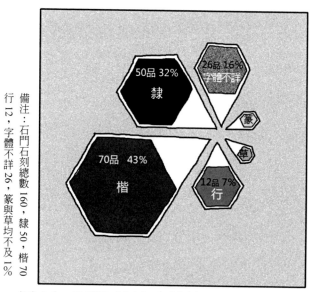

備註：石門石刻總數160，隸50，楷70，行12，字體不詳26，篆與草均不及1%

圖 4.1　石門石刻各字體所佔百分比圖示

表 4.1　漢中石門各時期各區域石刻字體統計表

（此表為手繪統計表，石刻總數160）

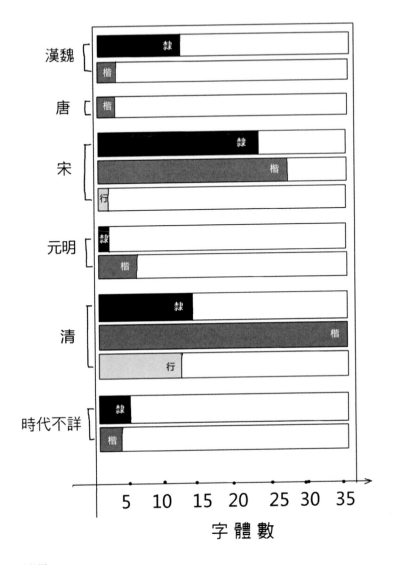

說明

1、漢魏石刻以隸書爲主體，經典石刻隸、楷紛呈，
　　即漢以隸爲經典：《大開通》、《石門頌》、《楊淮表》等
　　　魏以楷爲經典：《石門銘》、《石門銘小記》等
2、唐石刻數量極少，從已知石刻字體看均爲楷書
3、宋石刻增數不少，隸、楷字體數量接近，楷書略多一點，行書偶出
4、元明石刻數量少，以楷書爲主體
5、清（民國）石刻以楷書爲主體，隸書數量居中，行書比例有所增強，草書偶出
6、時代不詳石刻，字體亦多爲不詳，其字體詳者，即爲隸書和楷書兩體
7、字體不詳者略去

圖 4.2　石門各時代石刻字體數量柱狀圖

根據《漢中石門各時期各區域石刻字體統計表》數據分析延化以下簡表

表 4.2 主要石門石刻區域發展時段字體變化情況簡表

石刻區域	主要發展時段	石刻字體變化情況
古石門隧道 石門沿岸	漢魏、宋、清	隸爲主，楷爲輔，行、草、篆偶出
玉盆景觀	宋，（清沉寂）	楷、隸略相當
雞頭關 天心橋 觀音碥 馬道驛	清	楷爲主，隸其次，行書略有上升
山河堰	宋、清	楷爲主，隸、行略有一、二

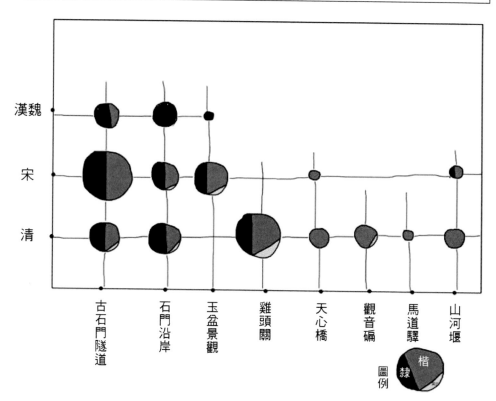

圖 4.3 主要石門石刻區域字體情況變化圖示

第二節　《大開通》《石門頌》兩大漢隸經典書風

　　石門漢隸，在石門書法最經典的十三品中佔據七席之位——《大開通》《石門頌》《楊淮表紀》《李君表》《石門》《玉盆》《袞雪》，在這七方摩崖中，除後三方大字摩崖時代存疑，前四方摩崖石刻的時代是確認的。《大開通》獨爲篆隸之交過渡狀態的古隸，《石門頌》《楊淮表紀》《李君表》都是東漢晚期處於成熟時代的漢隸精品。方圓十五米的石門隧道，以如此密度雲集著多方經典漢隸，堪稱漢隸藝術高峰時代的薈萃展示，也是石門石刻書法當之無愧的最爲經典的核心部分。而這其中，尤以洞外的《大開通》，洞內的《石門頌》爲書法史上古隸和成熟漢隸這兩大類型的經典，堪稱開宗立派的一脈之宗。另外《大開通》《李苞通閣道》又爲兩個字體過渡狀態的典型風格，前者爲（篆隸之交），後者爲（隸楷之交），而《石門頌》則是成熟漢隸一類風格的極致的典型。

一、大開通——古隸之代表

　　《大開通》全稱《鄐君開通褒斜道》，刻於永平九年（公元 66 年），是石門地區最早一方摩崖，屬於篆書向隸書演進過渡狀態，爲「古隸」典型性風格的代表。有關其書風，前人已有所論，早在南宋晏袤遊石門訪碑，爲其風格作評「書法奇勁，古意有餘，與光武中元二年《蜀郡太守何君閣道碑》體勢相若。」〔註1〕晏袤評論中所提到的《何君閣道碑》早於《大開通》六年。此外，其亦與早四五十年的《萊子侯刻石》書風相近，嘉慶孝廉顏逢甲題記《萊子侯刻石》說：「與曲阜《五鳳二年刻石》《永平鄐君》摩崖，是一家眷屬。」這幾方刻石幾乎爲同時期產物，其共同特徵，即篆隸之交，具有古意的無波「古隸」。（此時隸變雖已完成，但由於銘石書發展的滯後性，此處所言「古隸」指其形態而言。）

　　而《大開通》摩崖，在古隸中，又是極具美感的典型，方朔《枕經堂金石書畫題跋》云：「玩其書勢，意在以篆爲隸，亦由篆變隸之日，渾樸蒼勁。前之《魯孝王石刻》《天鳳石刻》，後之《祀三公山碑》《延光殘碑》《裴岑紀功碑》《沙南侯碑》《李苞通閣道題名》均不及，遑問其他。」〔註2〕其所謂「不及」，係指其一任自然的豪放而言，而以篆爲隸，呈現出篆變隸的初始懵懂狀

〔註1〕　郭榮章，石門石刻大全〔M〕，西安：三秦出版社，2001.81。
〔註2〕　容媛輯錄，胡海帆整理，秦漢石刻題跋輯錄〔M〕，上海：上海古籍出版社，2009.233。

態，才是其古意之所在。「大開通」作爲一類古隸刻石風格的典型代表，清代楊守敬《評碑記》之中，評曰「字體長短廣狹，參差不齊，天然古秀，若石紋然，百代而下，無從摹擬，此之所謂神品。」〔註3〕可謂的評。

縱觀眾家之論，可總結《大開通》構成古意集中表現在兩點：其一，篆隸之間依存簡古的線條；其二，參差錯落一任天然的整體性布局。

（一）篆隸雜糅的過渡狀態

《大開通》最大特點是篆隸之交無波磔漢隸之形，自發自然過渡的朦朧狀態。比起成熟漢隸的整飭多遺存篆書的古意。線條典型特點爲單刀直入，橫平豎直，字大而深刻、通篇均勻圓勁的中鋒，篆法餘味甚濃，雖已成「隸」體，卻尚無後世隸書雁尾之波磔挑法，清翁方綱《兩漢金石記》稱之爲「未加波法之漢隸」，正體現出篆隸演化，隸法未成的篆隸過渡狀態。（圖4.4）在《蜀郡太守何君閣道碑》，或者更早的《萊子侯刻石》《五鳳刻石》中都能見到這種類似的線條形式，堪稱從篆向隸過渡的里程碑。這種過渡狀態的線質，處於不定的字體交雜狀態，呈現一種雜糅的美感，既脫開篆書極端嚴謹的束縛，又未進入之後標準蠶頭雁尾的漢隸程式化法則，隸中脫不盡篆法，圓勁仍存，卻脫去篆書的屈曲纏繞的繁雜，簡古依舊，線條轉折處大量出現直角，有化圓爲方的隸變特質。其古樸渾勁、不拘細節，方中存圓，圓中帶方的線質美感，實爲後代石門漢隸之濫觴。

然而《大開通》保留篆意隸法未成，和之後的《石門頌》成熟的漢隸有意「減去」蠶頭雁尾的反向「追溯」風格又大不相同。《石門頌》以成熟之後捨棄波磔，然波勢依舊而顯得輕盈；而《大開通》有著處於字體演變過渡狀態未形成波磔的稚拙。（圖4.5）《大開通》與《石門頌》相比較可見，其末尾沒有飛揚之勢，而是蓄勢不發，即既無波磔亦無波勢，顯出古意盎然，用筆似也與篆筆一脈相承，篆書之線狀、圓轉、匀一之遺意猶存。總之，《大開通》之古隸，體現篆與隸相互兼容、自然「雜糅」行進所呈現的天眞、拙樸，無意而成的蒙昧美感。

但是，其顯然比篆書又要自由許多，由篆書向著新體隸書進發，收起屈曲纏繞的綱繆之形，而以簡約的直線爲基調，纖細遒勁，筋骨內涵，結體線條舒展，筆勢外擴，刻痕深入，一力貫之，而自然風雨剝蝕、苔蘚叢生使得

〔註3〕　謝承仁，楊守敬集（第八冊）激素飛清閣平碑記卷一〔M〕，湖北：湖北人民出版社，1997.540。

線條邊緣變得毛糙，有的崖表脫層不一，刻痕深淺各異，再加上凹凸不平、石花遍佈的石面襯托，更強化了原石及拓片視覺上跌宕起伏、蒼茫渾厚之風味。

（二）整體著眼、緊密融合的一體式布局

《大開通》更為引人注目的是其從整體著眼，一體式的布局。比起之前的西漢隸書，其打破了字字獨立之意識，上下左右緊密隨勢相互嵌入，每列或五字或七字不等，每個字大小不一，字形或簡或繁，或大或小，因形佈勢，使得通篇密而不亂，營造整體章法的協調統一，摩崖面大而粗礪，刻字順自然山崖的石勢布局，不拘一格。在這個石面整體中，行列並不相當分明，而是以點畫、字組相互的參差、錯落、入侵、融合，結成整體的關聯，使得篇章具有一種全局感，一眼望去，是一個個塊面接連形成的整體，字群結為一體不可分離。整體取橫式，留存石刻共計 16 行，一百餘字，給觀者一種緻密銜接渾然一體的感受，氣勢令人震撼。

其結體並無一定之規，（圖 4.4、圖 4.6）長短、方扁不拘，不刻意舒展壓縮以求字大小一致，隨字賦形，參差錯落，如「書、鹿、萬」等字，其筆劃繁複就拉長取縱勢，「十、平、王」等字，筆劃少則短小取橫勢。首四字「永平六年」字小而極扁，皆取橫勢，而其左側「詔書」二字則縱向延伸，此兩字幾乎與其右邊四字長度等同。第三列首字「蜀」，字極大而縱長，而其左的第四列「二千」又極扁，第五列「開」幾乎占第六列「太守」二字的三分之二，大小、長短對比和錯落之致格外分明。有時大的字甚至能是小字的兩倍或多倍，如圖 4.6「鹿」與「王」兩字對比就很明顯。或長、或扁、或方，皆是根據字的筆劃多少來安排，不以個體之間「勻一」為思維導向刻意調整，一切從全局著眼，上下字字緊接隨勢左右相互嵌入，融為一體，其每單個結體都是為了整體造型服務，富有大局造型之魅力。

其通篇的排布（圖 4.4 中框），一共有十六列字，略向右傾側，相互綿連、入侵，比如：前二列基本垂直，從第三列始向左傾，第四列開始，行列中首末字完全不在一條中心線上，皆向左偏移，從刻石可見，第四至八列末字「人」「道」「君」「茂」「作」都與其首字明顯錯落。尤其是九列「廣」「漢」兩字之間，及十列「楊」「顯」「將」三字之間，形成極度遊擺錯落。而之後倒數六列，傾斜幅度又相對平穩，只是略向左傾，列整體長度加長且字數變多。

同時，行列之間互相連接並大膽侵入，如第五列的末尾「道」，侵入第六列，而六列最後一字「君」又侵入第七列，以此類推，都與原本要對齊的列首字錯開，侵入其他行列中，而最後幾行，又開始變化，列的前幾個字比較整齊，四字以下到末尾，明顯向左側別行偏移。首列八字，二、三列五字、第四列七字，字數不同，但列的上下皆在同一水平線上。其正欹無定、參差錯落的程度異乎尋常。但由於銜接嵌入之緊密每行字數不等，中部任意扭曲搖擺而在最後一列又歸爲首尾齊平。

如此異乎尋常的錯落入侵式排布參差而不顯混亂，正因爲字間距離的緊密，將所有的字連成一片的整體感，化解了行列的傾斜歪曲感。略分左右兩部，大局幾乎由塊面鋪滿，密不透風，行列間相互交錯，而在九、十兩列下的空隙則形成寬舒的氣口。融成一個類似古璽印面布局風格的整體。

而與字距極度緊密相對立的是字內部的開闊，疏可走馬。內部之開闊形成了向外的張力，而外部字間聯結之緊密又形成向內的壓力。通篇緊密結合，形成凝合的字群，這樣的構形方式，與斑駁粗礪的天然石壁無間融合，使得全局勢大而力沉。尤具渾樸、沉雄、天眞、壯大、蒼茫之氣。這種打破字字獨立局限、不事雕飾之流露。率意質樸、暢達自然之氣勢，在傳世漢刻中罕有其匹，是此類其他摩崖所難及。

這種無波磔大字深刻線條和融爲一體的茂密章法，是這一類型刻石的典型特徵。作爲開通道路之記功碑，或勘定地界條文之契約憑證，需大字刻於最醒目位置，以便達到最大化公示效用，爲在巨大且凹凸不平的粗礪崖壁上，發揮出最好的可視化效果，並儘量長久保持這些文字，避免自然風化對石面的剝蝕，是以據實踐經驗採用了這種大字深刻、不事裝飾、橫平豎直、內寬外密之體，由今日效果來看確然如此，其已保存近兩千年，其岩石雖含雲母表面層層剝落，但由於刻痕極深且刀口上下勻一，筆劃雖細卻耐抗剝蝕，至今依然能不泯且清晰可辨，足以證明當時做出的選擇具有先見之明。

因此，《大開通》篆隸過渡無波磔古隸狀態，和緊密結合融爲一體的章法很有典型性，其意義在於保留著篆隸過渡時代書法字體的眞容，爲書法史研究古隸風貌提供了極爲珍貴的實證，而其書法之美主要不在於細節的形態，而在於其處於篆隸之交字體轉化過渡期的不定狀態所呈現出的古意盎然的風格，以及大字摩崖一體式的布局所形成天人合一的恢弘氣勢，此也正是後代追尋篆隸過渡狀態的古隸雜糅美感因素的源泉。

下頁附圖：

圖 4.4 篆隸過渡時期之古隸代表

圖 4.5《大開通》與《石門頌》風格比較

圖 4.6《大開通》結體、布局特色

圖 4.4　篆隸過渡時期──古隸代表

比較	拓片圖例	
新莽天鳳三年公元16年	萊子侯刻石	
永平九年公元66年	大開通	
漢元初四年公元117年	祀三公山碑　局部	

圖 4.5　《大開通》與《石門頌》風格比較

特徵	《大開通》古隸	《石門頌》成熟隸書
字例↓	由篆向隸演變過渡狀態未形成波磔　古樸稚拙	成熟隸書　減弱波磔 波勢明顯　精勁飄逸
爲		
陽易		
道		
開		
王		
永		
太		
中		
所		

圖 4.6 　《大開通》結體特色

形態	大小及字勢	結體無一定之規， 長短、方扁不拘，隨字賦形，參差錯落		
		拓片圖例		
扁	左右擴張			
縱長	上下拉伸			
方	方正平穩			
大小不一參差錯落	「蜀」比「二千」略長「開」之長占「太守」三分之二			
兩字對比強烈	「鹿」極大，其左下「王」極扁小			

二、《石門頌》成熟漢隸獨特書風

　　眾所周知，漢隸是書法史上一座高峰，風格多姿多彩，各具其妙，令人目不暇接。正如清代書法家王澍所言：「隸法以漢爲極，每碑各出一奇，莫有

同者。」〔註4〕（王澍《虛舟題跋補原》）。筆者以爲，漢隸雖「一碑一奇」但以風格分，大體可分四類（圖 4.7）。其一、典雅平正，法度謹嚴：以《乙瑛碑》《史晨碑》爲代表，此類法度完善，具有成熟漢隸的典型特徵「蠶頭雁尾」的波磔筆劃。風格沉厚而平和，具有雄古之廟堂氣象和不激不厲、端穩典重之風；其二、厚重方正 雄強質樸：以《張遷碑》《衡方碑》爲代表，筆劃以方爲主，章法茂密，神采內斂，結構方峻，拙厚中有奇趣，樸實中見神情。代表漢隸中壯美一路的典型風格。「東漢三頌」中的《郙閣頌》《西狹頌》也屬於這一類；其三、靈逸秀韻，流麗舒展，以《曹全碑》《禮器碑》爲代表，總體風格可用「秀潤飄逸」來形容。筆劃平和而優雅，於舒緩中見飛動、細勁中見力感。中宮緊收，四維放逸伸展，是漢隸精美秀雅一派；其四、率意疏宕 雄放恣肆，則即以《石門頌》爲典型，瀟灑飄逸、氣勢磅礴。不刻求工穩，而具有飛揚奔放、率眞野逸的山林情趣。《石門頌》就是漢隸成熟時期這一類風格的最典型代表。由比較可見，《石門頌》爲野鶴閒雲，瀟灑不羈的漢隸風格美感的源頭，乃至成爲後世書法「疏秀一派」之宗。而緊挨其旁的《楊淮表紀》之風格亦與之一脈相承。可見這兩方摩崖書風是源自共同系脈。在蔚爲大觀的漢隸中獨樹一幟，代表著一種與其他成熟漢隸皆異的書法審美品格。

《石門頌》作爲成熟漢隸堂皇巨製，在歷代書論中倍受讚譽，康有爲稱之爲「隸中之草」〔註5〕，張祖翼贊其「雄厚奔放之氣」，楊守敬《平碑記》述其「行筆眞如野鶴閒鷗，飄飄欲仙。」〔註6〕……幾乎神妙不可端倪，然這種從整體觀感喚起的通感出發，對書作的體驗式品評，雖非常形象地概括了書風，卻難以與實體形式關聯。因此筆者借鑒圖像學微觀細化圖像的分析手段，以《石門頌》筆劃、結體、章法等系統爲研究對象，在與其他漢隸比較中，探尋其書風形成的緣由，闡釋其因簡約帶來美的啓示。

（一）點畫形態——削弱波磔 簡古縱逸

《石門頌》點畫絕異於眾漢碑，不但跟一般經典漢碑如《曹全碑》《禮器

〔註4〕 王澍，虛舟題跋補原〔M〕//崔爾平選編點校.歷代書法論文選續編，上海：上海書畫出版社，1993.673。

〔註5〕 康有爲，廣藝舟雙楫〔M〕//黃簡編輯.歷代書法論文選，上海：上海書畫出版社，1979.799。

〔註6〕 謝承仁，楊守敬集（第八冊）激素飛清閣平碑記卷一〔M〕，湖北：湖北人民出版社，1997.542。

碑》等不同，而且與之並稱的「漢三頌」的《西狹頌》《郙閣頌》粗厚雄強的
點畫形態也是大相逕庭。可以看出，《石門頌》整體點畫屬於細勁一路，通體
圓鈍，無外露之鋒棱，大多無明顯波磔呈現。清剛遒勁而非精雕細琢，輕靈
飄逸又存有摩崖特有的渾樸蒼茫之氣勢。其最突出的特點是對隸書典型的點
畫形式「蠶頭雁尾」的弱化。我們知道，隸書從篆隸之交的古隸狀態，發展
到東漢晚期的成熟隸書，筆劃中裝飾性的蠶頭雁尾特質，是經歷了一個從無
到有，從有到固定的過程。《石門頌》處於東漢中晚期，此時期隸書已經完全
成熟，銘石書發展整體趨勢是逐步走向程式化，即加強筆劃頭尾的蠶頭雁尾
裝飾的傾向。而《石門頌》的點畫形式卻對此趨勢反其道而行之，洗淨繁冗，
減弱蠶頭雁尾的波磔，這是一種對於隸書裝飾化的「減弱」。相對於成熟隸書
裝飾化之「繁」，《石門頌》的點畫由於「減」而獨具「簡」之美感。故其點
畫之形式美主要體現在五點——簡古之形、古樸之質、精勁之力、輕靈之氣、
飛動之勢。

篆書 → 古隸 → 成熟漢隸（《曹全碑》《禮器碑》） （《石門頌》）

　　　　　　　　　　　強化「蠶頭雁尾」 　　　弱化「蠶頭雁尾」

1、由簡而生古意

　　《石門頌》這種對於隸書程式化裝飾的「簡化」，又使得其點畫在客觀形
態上返歸與「古」時代的字體篆書、古隸等相近的體貌，隸書本就由篆書隸
變而來，從字體演變之趨勢來看，由篆書的中鋒行筆、首尾勻一、屈曲圓轉
形態，逐漸演變至篆隸之交時無明顯波磔的「古隸」狀態，然後逐漸加強筆
劃提按頓挫，筆劃由圓而方，出現裝飾性蠶頭雁尾，進而形成相對固定的成
熟漢隸八分書。而《石門頌》減去蠶頭雁尾的華飾，恰好減去了隸變後演化
出的成熟隸書固定化的雁尾波磔形態，與其發展前階段的篆書隸變過程無波
磔的「古隸」的渾樸形態非常貼近。因此作為一種形式「上溯」古體狀態，
使得其點畫尤為素樸高古。《石門頌》線條細勁而通體圓鈍，末尾不出鋒，因
此其筆劃大多無外露之鋒棱，亦無明顯波磔，呈現的是圓鈍而細勁的流動線
條，與古字體「篆」法靠攏，同時在轉折處也保留了篆書古風，既有隸書化
圓為方的折筆，也有類似於篆法的圓折，均指其對篆書古樸、圓渾、毫無鋒
棱的「古」因素的貼近，由「減形」而生「古意」。

2、由簡而凝精勁之力

碑學理論中，尤其注重線條中段的凝重力感，稱之為「中實」〔註7〕，與唐楷等兩頭重裝飾中段相對輕快的點畫相反，《石門頌》點畫是一種更為凝練力的呈現。其對於頭尾裝飾的大量捨棄，不止是力在中段的「實」，而是「處處皆實」。觀看石刻，給人一種刀「筆」刻入岩石的強勁壓力。筆劃的粗細會造成視覺壓力輕重強弱的變化。根據物理學原理，壓強 $P = F/S$，在壓力均等的情況下，受力面積越小，物體所受壓強越大。因此《石門頌》筆劃細「線」形，受力面積小，給人強勁地向石面深「鑽」的視覺威壓，其點畫之細反而比起《西狹頌》等粗壯、受力面積比較大的筆劃，在視覺效果上向石面內部下鑽的壓迫感更強。加之其細畫的均勻，使得這種視覺壓力持續恆定、沒有減弱之處，即便是末尾的波磔也不停留、不出鋒，不撒力、不收勢。彷彿一條線從頭到尾一以貫之，不斷施加相同的壓力向前方艱難行進。對比圖中《禮器碑》的筆劃，極細和極粗對比強烈，在觀感上形成施壓前輕末重的對比，《石門頌》給人觀感是所有壓力都集中施加在一條細線上，形成一種近似「刻畫」的「線條」，倘若還原刻刀在石面對抗場景，力在對峙中「緊趄戰行」的緊張感便油然而生，沒有粗細起伏，使筆在轉折處難有稍微停歇蓄力之所。因此《石門頌》細勁的點畫，力感呈現方式更加的「顯」，倘若力稍微鬆懈，「細弱」「膽怯」則顯露無疑。故行筆之力絲毫不可懈怠，點畫雖細，駕馭之卻需要更大的掌控性的筆力，持久不懈的勢力，無窮的緊張壓強感。似把力量全部包裹住，軌跡蜿蜒，破石而溢出。力度和節奏無時不在變化，澀勢與衝力化作千鈞筆力，極富精勁的美感。

3、「捨形減重」而輕靈

《石門頌》捨去「蠶頭雁尾」而減重，點畫趨於細而簡，帶來整體的輕靈之美感，但這種輕靈不僅是相對於筆劃沉實的《張遷碑》《西狹頌》，比起以細筆道著稱的《曹全碑》《禮器碑》等漢隸，也顯得更加輕盈和簡約（圖 4.9）。比如《禮器碑》，雖然大體筆道極細，然而其首有蠶頭，末端多有著極為肥厚的雁尾；而《曹全碑》也是如此，雖然筆道細而飄逸，但是蠶頭雁尾的裝飾細節依存，而《石門頌》則不然，並不僅僅是大體筆道的細，同時減去或者削弱點畫兩端沉重蠶頭雁尾波磔的裝飾，如果將《禮器碑》和《石門頌》幾

〔註7〕 包世臣，藝舟雙楫〔M〕//黃簡編輯，歷代書法論文選，上海：上海書畫出版社，1979.653。

個筆劃中段調整到同樣粗細度進行對比（圖4.8），明顯可見，比起《禮器碑》粗厚的雁尾形態，以及壓低後再向上的運行過程，《石門頌》大多首尾粗細變化不大，雁尾只有上揚趨勢而無明顯變粗的形態。換言之，《石門頌》行筆動作和形態變化幅度都要小得多，比起一般隸書筆劃行進過程的起承轉合，起、行、收筆，亦有一種「減負」之感，比起《禮器碑》單純精雕細琢的「細」更顯身輕無負「飄舉神飛」之態。總之《石門頌》「筆劃」抽象而簡約，「線條」的輕盈而靈動。呈現字體形態的除去繁冗，顯出的秀氣，獨具一種不事雕琢、自然落拓、草草不工的簡約之美。

4、「減形留勢」而縱逸

《石門頌》在減去隸書「蠶頭雁尾」形式，貼近篆書的同時保留了隸書精神的飛動之勢。雖然其在點畫線條形態上接近篆書的圓渾狀態，但其中仍然存有一種張揚的勢力和外露的精神，與篆書「玉箸」含忍內藏、藏器於中的含蓄神情、冷靜理智的端莊氣質是不一樣的，其點畫細而剛健，內蘊的力量奔湧而出。筆者認為，這是由於其對隸書因素有選擇的揚棄，「捨形留勢」所致。

由於摩崖各種實際條件所限，較碑刻的成熟漢隸如《禮器》《曹全》等的蠶頭雁尾波磔因素或多或少都有所捨棄，這並不少見，關鍵是所捨棄和保留的因素有所差異。比如《西狹頌》摩崖對於漢隸蠶頭雁尾因素的捨棄，多是保留筆劃形的主體而捨棄波磔走勢，「蓄勢不發」，而《石門頌》摩崖對蠶頭雁尾的捨棄，則是一種「去形留勢」，即捨棄雁尾的波磔之「形」，而留下雁尾飛揚之「勢」。其雖然在末尾沒有形成肥厚上翹出尖的雁尾形態，但是上揚的趨勢卻被保留了。因此，一方面因筆劃體積減小而顯輕，另一方面飛動之勢卻依舊顯著，突出外揚，綿延不絕。

如《石門頌》的走之底部件（圖4.8），其雖然沒有雁尾的形態，但可以看到，末尾三分之一部分，有明顯向下行然後上翹的動作，本來要此動作形成雁尾形態，卻以一樣的粗細的趨勢來表達。

因此筆道無張揚之形而有張揚之神、勢。以此區別於古體篆法的純粹內斂、冷靜與肅穆，而是在含有篆書古意形態的同時保持典型的隸書點畫神韻。雖然減去隸書的蠶頭雁尾的裝飾，卻保留著隸書特有的外揚放逸精神。結合第一點的形式的極簡，使其飛揚程度甚至超出其他隸書，向著草書之勢貼近。清代康有為提出，漢隸有「篆、楷、行三體，《郙閣》《夏承》等為「隸

中之篆」,《張遷》《孔彪》等爲「隸中之楷」,而《石門頌》爲「隸中之草」,
〔註8〕正因其具有不似隸書的起承轉合、起收行筆,而是如草書一般具有抽
象的「線條感」,而其運行過程也趨於極簡,行進之勢也格外縱逸。

綜上四點,《石門頌》的點畫形態獨特性正在於其對隸書元素有選擇的揚
棄所獲。捨棄波磔之形而保留飛揚之勢,上溯古體篆法之古風,又不失隸書
本身之精神,筆劃細瘦的外形內含勁挺的威壓,在強大阻力下放肆遊走;猶
如「野鶴閒鷗」的輕盈靈巧中又呈現出一派氣勢飛揚。其力之強,在勢而不
在形,在成熟漢隸中因捨形留勢而獨具簡約古樸之強大勢能,將「簡古輕靈」
「勢力無窮」看似矛盾的美感統一於一身,從而形成一種「脫胎換骨、飄舉
神飛」之美感。

(二)結體疏朗:細勁點畫+寬博間架

《石門頌》結體呈扁方形,平穩中透露出雅正之韻,但其結構之靈活,
兼具寬博舒朗和開張恣肆之美,在成熟漢隸中也是頗具特色,其空間的氣韻
流動、結體的自如舒展,同時在構型細節中極盡變化之能事,常常通過重心
的位移及部件的搖擺騰挪,於欹側中造險,形成篇章的波動韻律,從而讓整
體結構具有自由靈動的趣味。(圖4.10)。

1、寬博疏朗、氣脈貫通

《石門頌》的結構形式是極爲寬博大氣的,結構內部空間大,通體充盈
著流動的氣韻,而又以其筆劃的細勁和結構的寬博這組略帶矛盾的元素組合
產生一種特殊美感。漢隸結體大致分兩類,其一,中宮緊收筆劃四面伸展的
「緊結」;其二,內部寬容筆劃不事縱逸的「寬結」〔註9〕。結體與不同形態
的筆劃結合生成不同的風格,比如,粗畫配合「寬結」則成雄偉之體;細畫
搭配「緊結」則顯秀麗之姿;粗畫加上「緊結」則生嚴峻之氣;而《石門頌》
則呈現出一種新的獨特組合——細勁點畫加上寬博間架,即雄闊的體態與勁
秀的筋骨(雄與秀)這一矛盾在此得到了有機的融合和統一,更加增強了字
內空間的舒朗度。

其寶蓋頭或帶寶蓋形的字,內部顯得空闊,似乎有一股流動順暢的氣韻,
如「宣▨」「虐▨」「堂▨」等字可以看到,這種結構的共同特點是「寶蓋頭」

〔註8〕 康有爲,廣藝舟雙楫〔M〕//黃簡編輯,歷代書法論文選,上海:上海書畫
　　　　出版社,1979.799。
〔註9〕 賴非,賴非美術考古文集〔M〕,濟南:齊魯書社,2014.83。

覆蓋面很大，框住了一個空間，其內存納的部件相對收小，從而形成外框與內部構件之間更充分的留白，字體內部空間更寬舒，空氣流動更通暢。同時，筆劃的細勁使得這種寬結體更充盈著空闊明朗的意境。

值得注意的是，《石門頌》結體之「氣」的流通，有其寬舒空間留白作保證，與此同時還注重筆劃之間的「斷」與「連」的換氣。如包圍結構：「圍圖」「四四」「自圓」「由圖」，往往不將四面都封閉，接口處並不一味黏連，而常含斷之妙，有斷有連，或似斷非斷，使得筆劃之間留下氣口，讓空氣自由進出流動。另外，轉折、接口處用「斷」與「搭」形成氣口。如在隸書「折法」上或用筋勁的折釵股，還常用簡練斬截的「接搭」方式，如「守圖」「虐圖」「司圖」，筆斷意連，氣脈通暢。

故《石門頌》不論是寶蓋頭的寬大，還是筆劃間存有氣口，都在結體上形成一種妥貼的「留白」，一種特別具有包容性的寬舒美感和清雄氣象。符合「疏處可以走馬，密處不使透風」〔註10〕，虛實相生、知白守黑的美學原則。獨具寬博、疏朗、寬容之韻致。

2、放縱恣肆、縮放自如（圖4.10）

《石門頌》結體之奇特，不像其他寬博結體見長的隸書，內部寬舒而外部則緊密，《石門頌》整體結構的寬結，在於內部舒朗的同時，外部也甚為寬鬆，筆劃盡情舒展開張，一任自由，呈現「寬博」與「放縱」同時並舉的態勢，給視覺帶來強大的衝擊力。因而比起其他漢隸都要顯得更為瀟灑恣肆。

最為典型的是對於某些字採取縱情伸展主筆的方式，自如地將點畫向四面延伸，釋放精神的張揚。此類字的結體，往往在字中讓力向著多個方向發出輻射狀，大膽地延伸，形成結構內部的張力，在力的拉鋸中平衡。如「升圖」，橫的波磔之勢向右上角延伸，長豎一泄直下，而撇畫末段向著左方蹺起踢出。「載圖」，左邊的「車」部件下墜，而右邊雁尾有向右飄出的伸展之姿。此外，「者圖」「必圖」「下圖」等字，也各具這種向各方向輻射發力的狀態，形成恣肆之感。

有時候，還會運用部件之間長短、大小、縮放，通過部件間關係的對比，形成更加具有強烈對比視覺效果的縱橫捭闔，最有特點的是以捺為主筆的走

〔註10〕包世臣，藝舟雙楫〔G〕//黃簡編輯，歷代書法論文選，上海：上海書畫出版社，1979.653。

之底結構的字。其被包圍的部件向走之底的左邊極盡靠攏，而讓走之底的臥捺放肆伸出。如，「道」、「還」、「達」中間的部件為緊縮部分，與臥捺伸展恣意形成鮮明對比。走之底的捺則如同船一般，處於半包圍狀態的中部件安坐船之上。再如「有」，「月」部件縮於左側，形成橫畫向右側極度伸展的態勢。「若」「恩」，或「廿」或「因」也是偏於左側，「若」之長橫畫，「恩」字「心」部件之臥鉤均向右伸展。「功」之「力」部件向左下方縱情伸展，使收縮的「工」被撇畫所承托。

《石門頌》極具特點的是，有一些開張的字並不以中宮緊縮為對比，中宮開闊而外圍依然向四面伸展，形成既寬舒又開張的局面，比如「其」之橫畫縱情向左右延伸，但上方部件的中宮並未進行收斂，而是依然疏闊。對比《曹全碑》的「其」，同樣橫畫伸展顯得寬舒，但是上面部件中宮顯得特別緊縮。

此外，篇章之中，有三處最為強烈的豎向延伸，更是這種極端自由放縱精神的集中體現，類似漢簡中的拖長筆書寫方式。分別是第三行「高祖受命」之「命」、十一行「武陽王升」之「升」、十七行「世世歎誦」之「誦」，這三個字的三筆長豎極富特色，迤邐而下，一瀉千里。「命」字的長豎，受斜於其下的一道山石深痕影響，而「升」字並未有山石棱痕，當是有意識所為。書者以毫無造作的垂筆表達出曠達、飛揚的情懷。

3、挪移造險、躍動奇趣

《石門頌》結體精妙之處更在於，結構的大體平穩前提下，或重心偏移、或構件的左挪右擺、或部件傾側變化……營造一種欹側之勢、險絕之局，形成字的躍動感，從而帶動篇章的節奏與韻律，這在其他漢隸中是較為少見的。

重心偏移，如「字」，其一重心偏上，其二重心偏下；「世」，其一重心居中，其二重心居左，以長橫向右伸取得平衡。

構件的挪擺，「君」上部件「尹」明顯左挪，下部件「口」則右擺；「恩」的「因」部件、「有」字「月」部件的位置，都偏於左側，讓臥鉤和橫畫向右盡情地延展。形成中心居於左側，字就不再是正面站立，而是有一種居於左邊側視的效果。

「春」，同樣的兩個字，第一個「春」字的「日」部件就是延中軸線對齊，而第二個「春」字底下的「日」偏側至中軸線左邊，以右邊的捺

畫伸展來形成平衡，這就是部件騰挪造成的動感，形成一種字內的妙趣。

部件傾側變化，如「案」■寶蓋頭向右下傾，「女」及「木」向右上傾；「察」■寶蓋頭向右上傾，「示」向右下傾。「長■」，整體向右傾側，傾而不倒。「毒■」的「母」部件向右下沉，沉而不歪。

這些部件騰挪、重心偏移、字勢偏側，不僅使得字富有趣味，也增添了章法的活潑性。

三、章法之妙：局部參差，大局規整

《石門頌》雖居山野，然其布局並非完全放肆不羈，其大體遵循縱橫對齊的排列規則，每行字數大體相當，三十字左右，呈現出一派儒雅之風。即便局布由於山體條件所限，遇山石裂紋、凹凸等情形，還屢屢進行調整，或左右挪移，或大小縮放，或重心上下遷移，盡力維持字陣的秩序，及整體篇章的平衡。（見圖4.11）

（一）平中寓奇 穩妥中含躍動

整個篇章之中，並不是一味開張，或一味內斂，而是以大小、縮放、長短字的變化組合，形成自然起伏的字陣，喚起整局的節奏感。

文中分析其結構，就有不少單字自身欹側造險、重心左挪右擺中形成平衡，這些具有意趣的字居於篇章裏，又成為調動篇章動感的活躍因子，牽引著整體篇章氣韻的波動。比如，第十七列中段「永同春秋」，「永■」重心偏右，「春■」下面部件「日」向左偏移，字組因各字內或重心或部件的偏移，視覺效果上產生左右搖擺的動感。再如第十三列末尾兩字「貶若」雖居同列，位於一條線上，但因為「若■」字「口」部件的左移，頓使兩字之間形成上偏右下偏左的錯落感。第四列末尾「至於永平其有四」，雖然這幾個字擺佈整齊，但由於各字中心的左右擺動游移，行氣的波動也油然而生。

字的波動與跳躍，在布局調整中形成和諧之因子，充斥在《石門頌》的篇章中，因此透過大體排列整齊的表象，可以感覺到字陣的躍動感，看似欹側卻又處處和諧。

第四列　　　　第十三列　　　第十七列

（二）同字異形，平添篇章形式美（圖 4.11）

《石門頌》同字頗多，在篇章結構組織中，同字異寫，或相似結構採取不同結體方式，或相同結體，採用不同筆調，使得本來重複之字轉化爲豐富多彩的異樣字，給篇章布局增添形式美感。

如「子」 ，三個字的橫畫位置、出鉤的方向等均有變化，引發字的形體變化：第一個略寬，第二個略窄，第三個略扁。「君」 ，共有八個，形態各異，尤其「口」部件的大小、形態、位置變化多端。「有」 ，共五個，這幾個字的變化主要是採取中間構件「月」的位置和上面橫畫之關係形成區別。「字」 共八個，主要是以寶蓋頭和底下的「子」關係變化，寶蓋頭或長或扁，或圓轉或方折，下面的「子」部件尤其是鉤法，或縱伸或收縮。「永」 ，明顯可見其中心一個偏左，一個偏右。「清」 ，左右部件長短伸縮對比明顯。此外還有：「司」 、「功」 、「所」 、「焉」 。相同的字卻各有姿致。

相似部件的字，以走之底、寶蓋頭爲多。

走之底結構方式，有的平整穩妥，有的偏側造險，其臥捺之勢或平展，或上傾，或下斜；臥捺之形或直、或弧、或多折，形態多樣。如：

寶蓋頭結構：其寶蓋頭或大，或小，或長，或短，姿態各異。如：

　　《石門頌》章法之中，同字異寫之妙，變化多端，不論出自有意或無意，都相當大程度的參與篇章形式美感之呈現。

　　總而言之，《石門頌》整體篇章平中寓奇，意趣橫生，其正貼合了草書符號化、富於變化飛動的精神。其令人膽怯不敢學，不是極端雄壯，而是無形捉摸不透、無處不在的力，與漢三頌其他兩頌比較起來，《西狹頌》《鄜閣頌》代表一種獅子搏象的沉雄樸茂之力，《石門頌》體現的則是一種舉重若輕、優游從容的力量。其力感並不完全顯露於形，也不是天真不受控制的隨意而為，是以強大的掌控感和全局感，貌似不經意的統御控制著陣勢之中的各個因素。筆劃力透石棱的行進、化形為意的氣度，精神外放而鋒棱不露。結構的疏闊開張中充盈流動的氣韻、收放自如間奇變橫生的形態，其「雄厚奔放之氣」與自由逍遙的美感來源於自如駕馭矛盾的統一、靈動與勁挺、雄闊與清秀、野逸與雅正共存，從而控制神妙中的整體感，呈現恣肆而又並不完全釋放展露，收放自如，更留有想像空間和不盡之勢。如瑤臺仙人，御風而行，不知其所起，亦不知其所止。

　　綜上，《石門頌》集「隸神、篆骨、草勢」於一身，遒勁、凝練、充滿飛揚之勢。很大程度上得益於筆劃之簡，換言之，《石門頌》筆劃因減繁趨簡而凝煉，減形就勢而飄逸，結體其寬博也因筆劃的細勁而尤為清朗。張祖翼評說：「三百年來，習漢碑者不知凡幾，竟無人學《石門頌》者，蓋其雄厚奔放之氣，膽怯者不敢學，力弱者不能學也。」〔註 11〕這種雄逸氣勢不靠方筆、鋒棱、粗畫來展現，比起《西峽頌》摩崖，沉厚粗壯的力感；比較《禮器》碑，粗細變化強烈的筆劃，《石門頌》展現的是這樣一種因凝練、縱逸的細線，在披荊斬棘行進中表現力與美的高度融合、勢與韻的充分展示，以簡約表達豐富內涵之美。

　　《石門頌》附圖如下：

　　圖 4.7 漢隸風格比較

　　圖 4.8《石門頌》點畫形態與眾漢碑差異

　　圖 4.9《石門頌》與諸漢隸風格比較

　　圖 4.10《石門頌》結構形式分析

　　圖 4.11《石門頌》章法精妙

〔註11〕李培順，張祖翼金石學成就及其書跡研究〔D〕，杭州：杭州師範大　學，2014.49
　　　～50。

圖 4.7　漢隸風格比較

類型	名稱	拓片圖例	
典雅平正 法度謹嚴	乙瑛碑 史晨碑	《乙瑛》	《史晨》
厚重方正 雄強質樸	張遷碑	《張遷》	
靈逸秀韻 流麗舒展	曹全碑 禮器碑	《曹全》	《禮器》
質樸古拙 野逸雄放	石門頌 為典型	《石門頌》	

圖 4.8　《石門頌》點畫形態與眾漢碑差異

		以《石門頌》與《禮器碑》比較為例，體現其形態美—— 簡古之形　古樸之質　精勁之力　飛動之勢　輕靈之氣
弱飾返古	形古質樸力勁↓篆骨	波磔典型，《石門頌》「逆向」、「簡化」，減弱蠶頭雁尾華飾 1、消弱波磔似篆顯高古 2、去除繁冗而質樸 3、中鋒凝力而細勁 字　《禮器碑》《石門頌》《石門頌》　其　《禮器碑》《石門頌》 億　《禮器碑》《石門頌》　子　《禮器碑》《石門頌》　安　《禮器碑》《石門頌》
減形留勢	輕靈＋飄逸↓↓草勢	《石門頌》捨棄或消弱蠶頭雁尾波磔，減形而留勢，輕靈飄逸。 1、「去形減重」而輕靈 下　《禮器碑》《石門頌》　道　《禮器碑》《石門頌》 大　《禮器碑》《石門頌》　之　《禮器碑》《石門頌》 2、「去形留勢」而飄逸 安　《禮器碑》《石門頌》《石門頌》　升　《禮器碑》《石門頌》 永　《禮器碑》《石門頌》　通　《禮器碑》《石門頌》

圖 4.9　《石門頌》結構形式分析

結構總特徵	形體稍扁，重心略低，呈扁方形，結構靈活，兼具寬博舒朗和開張恣肆之美
	拓片圖例
寬博疏朗 氣脈貫通	
放縱伸展 奇肆縱橫	
挪移欹側 造險奇趣	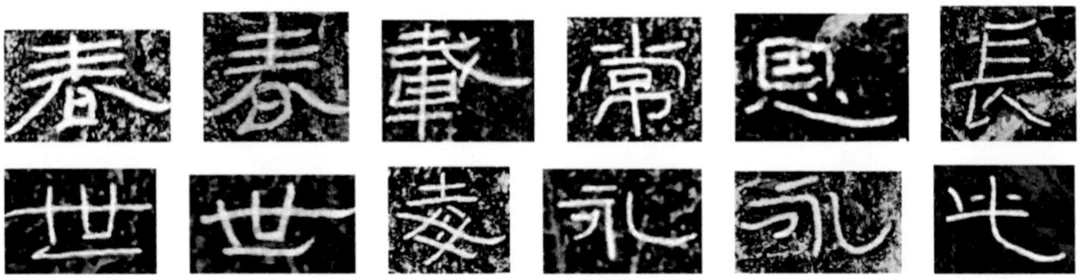
變化萬端 同字異形	

圖 4.10　《石門頌》章法精妙

總體布局　大體遵循縱橫對齊的排列規則，遇山石裂紋、凹凸等情形，或左右挪移，或大小縮放，或重心上下遷移，形成自然起伏，喚起整局的節奏感　（注：下列例圖白色突出之字為變化字）

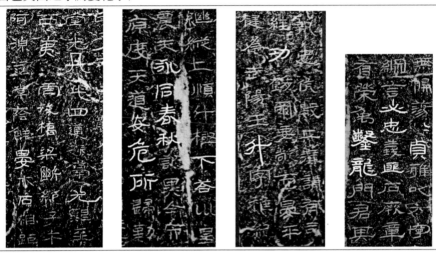

同字異寫：相似結構，採取不同的結體方式，給篇章布局增添形式美感。

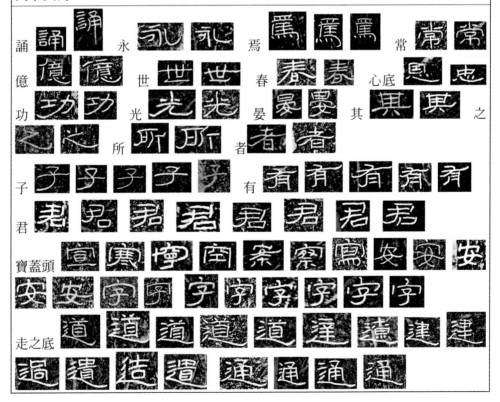

三、承自《石門頌》而相異的《楊淮表紀》

漢隸《楊淮表紀》東漢熹平二年（公元 173）與《石門頌》的書寫時間相差不過二十餘年，又同列石門隧道內，從石質到刻工到書體風格都與《石門頌》極其相似。堪稱一脈相承。康有爲評價其「潤醳如玉，出於《石門頌》」〔註12〕，一直以來，《楊淮表紀》都是被作爲《石門頌》之「副」，其體現出來的形式美感即：細勁凝練的線條、開張恣肆的結體，自由爛漫的布局，的確相當類似，不過細觀之，這兩方摩崖在書寫風格上還是有著些許區別：

（一）點畫的質直與內含

相對來說，《石門頌》筆道顯得略圓渾，精神比較外放，中部起伏波度較大，縱逸亦相對外露。而《楊淮表紀》筆劃則稍顯短促而直硬，有種清剛質直的意味，在雁尾波磔的表達方面，同屬捨形留勢一類，而《楊淮表紀》的末尾波勢就不如《石門頌》那般劇烈明顯，更多時候是收勢，顯得精神內斂，古質含蓄。比如：《石門頌》之捺尾部的強烈上翹，《楊淮表紀》則直斜下而不上揚。（圖 4.12）

（二）形體的平和與內斂

《石門頌》形體較方扁，《楊淮表紀》較之略長方。字內空間不如《石門頌》寬舒，有種清瘦意味。比如「司」字橫折之折下的方向，《石門頌》幾乎垂直於橫，呈直角，因此精神開張，而《楊淮表紀》趨勢向內，夾角呈銳角，顯得「收」而內斂；含寶蓋頭的字，《石門頌》是典型的以寶蓋頭框出大空間的寫法，如「寫![字]」與「守![字]」字，其寶蓋頭左右豎，長而外張，形態雍容而開闊，而《楊淮表紀》寶蓋頭是短豎，直而短促，形態內斂![字] 字。同時，部件之間的伸展對比度，亦不如《石門頌》大開大合來得強烈，相對於《石門頌》![字]、![君]，《楊淮表紀》「字![字]」的鉤畫與「君![君]」的撇畫都不再放縱，顯得收斂不少。雖說《楊淮表紀》很少有極度放逸伸展的主筆，但偶而也有幾個對比伸縮非常強烈的字，比如「史」![史]，但對比全篇來說，分量非常之少。《石門頌》篇幅裏比比皆是四面伸展、放縱開張的動態，而《楊淮表紀》書寫結體呈現比較收斂、平和、穩定的靜態。（圖 4.13）

〔註12〕康有爲，廣藝舟雙楫〔M〕∥黃簡編輯，歷代書法論文選，上海：上海書畫
　　　　出版社，1979.798。

（三）布局之自由爛漫

　　值得注意的是雖然《楊淮表紀》在筆道、形體方面相對《石門頌》來說都較爲內斂，但卻在篇章布白上顯得比《石門頌》更爲自由不拘。前面論及《石門頌》的章法排布屬於「平中寓奇」，整體看來是較爲規矩的，盡力遵循橫豎排列的平齊，有時還盡力進行字陣平衡的調整，而《楊淮表紀》的章法卻不拘一格，橫向相互錯落參差不齊，且沒有對齊之意。縱列也不垂直，列間距離比《石門頌》密，形態左歪右倒，行氣也隨之錯落搖擺。第一列從第七字開始，接連十個字均不在中心線上行進，且毫無顧忌的呈現向右下沉的趨勢，而且整體相當明顯的向左內移。從第二列至第五列，字更爲跳躍，大小不一，位置忽左忽右自由地擺動。可見，《楊淮表紀》在章法的布局方面比起《石門頌》的端莊雅正，顯出更爲自由天眞之意趣。（圖 4.14）

　　就整體觀感而言，《石門頌》是漢中太守王升組織書寫刊刻，顯得「官方」一些，而《楊淮表紀》是黃門侍郎卞玉個人紀念私刻，無論是篇幅字數、還是刻工作業的精工程度均不及《石門頌》煌煌巨製，卻更富有隨意的山林野趣。二者呈現出一脈相承的風格，但各有千秋：《石門頌》放中有收，動中有靜。放逸的筆道、開張的形體，統御於典雅雍容的整體篇章裏，《楊淮表紀》收中有放，靜中有動，質直的筆道、內斂的構型，分佈於錯落活潑的大局中，相對於《石門頌》的瀟灑俊逸、健美恣肆，《楊淮表紀》有另一種古雅內蘊、質樸自然的獨特之美，也是漢隸這一類山林逸風的經典代表。

　　《石門頌》《楊淮表紀》二者在成熟漢隸中同屬「減形留勢」細勁一路，這一類風格以不事雕琢的減負，形成簡素的凝練渾樸，捨形而存飛動之勢，鋒棱不露而精神飄舉，線條纖細而力透石棱，給觀者在矛盾中統一的極具張力的審美體驗。整體舉重若輕、優游不迫，統御細勁而充盈的線條、變化莫測的結體和捉摸不透的篇章，形成既有廟堂雅正之氣又具山林野逸之致，「秀氣寬和」與「奇逸恣肆」並舉的曠世佳作。

　　《楊淮表紀》與《石門頌》比較圖附下

　　圖 4.11《楊淮表紀》與《石門頌》點畫比較

　　圖 4.12《楊淮表紀》與《石門頌》字的結體之比較

　　圖 4.13《楊淮表紀》與《石門頌》布局之比較

圖 4.11　《楊淮表紀》與《石門頌》點畫比較

相同	《楊淮表紀》與《石門頌》筆劃同樣「捨形留勢」	
名稱	《石門頌》	《楊淮表紀》
區別	圓渾縱逸　精神外放	清剛質直　精神含蓄
波磔之勢　橫畫　捺畫	強 	弱 
豎鉤	放 	收 
撇畫	放 	略收 
左豎	弧形 	直 

圖 4.12 《楊淮表紀》與《石門頌》結體之比較

結字的部件↓	《楊淮表紀》 形體——略長 形態——平和 內斂 **收**中有放 **靜**中有動	《石門頌》 形體——略扁 形態——雍容 開張 **放**中有收 **動**中有靜
寶蓋頭	左右豎，直而短促 形態內斂 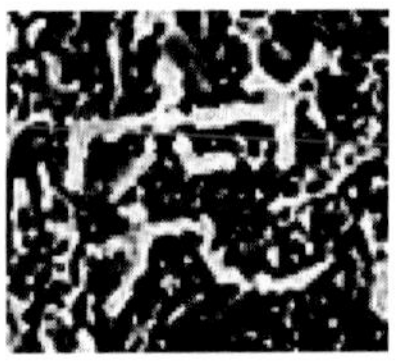 	左右豎，長而外張 形態雍容  
橫折之角	呈銳角，字局「收」 	近直角，字局「開」 
鈎、撇畫伸展度	收斂 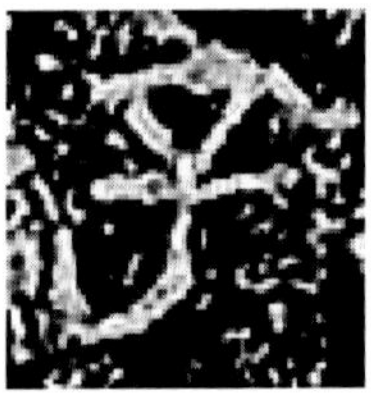 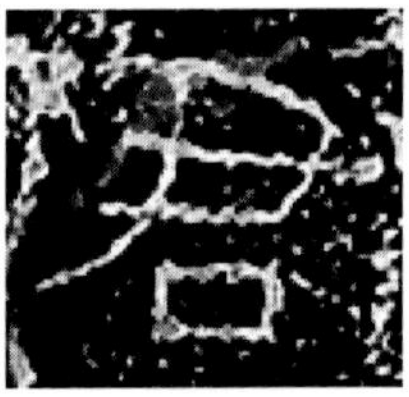 	放縱  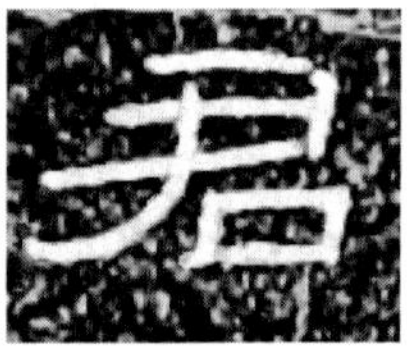
偶而撇捺開放	撇、捺筆致超放 形態恣肆  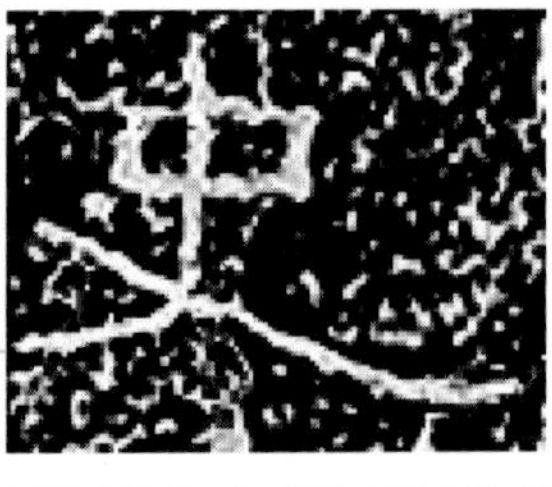	

圖 4.13　《楊淮表紀》與《石門頌》布局之比較

《楊淮表紀》 自由不拘　天真爛漫	《石門頌》 端莊雅正　平中寓奇
	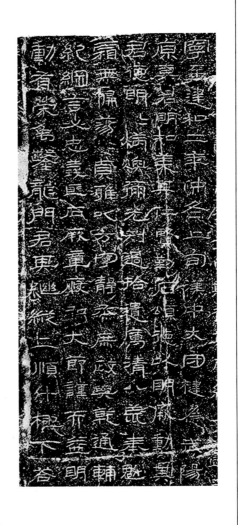

四、石門漢隸之共通形式美感特徵

石門漢隸石門漢隸中的《大開通》《石門頌》《楊淮表紀》，前者是篆隸之交古隸狀態的代表，後二者是成熟漢隸野逸風格典型代表，二者書寫風格雖有異，但縱觀石門漢隸石刻，具有一脈相承的共同特點。

（一）筆劃線條細勁無波磔，無論是篆隸演變過渡狀態古隸的代表《大開通》，還是成熟漢隸「減負」弱化典型漢隸蠶頭雁尾特徵的《石門頌》《楊淮表紀》，客觀上線條多呈現出一種「無波漢隸」的狀態，有類似篆法的古拙、質樸、簡約、凝練的美感，形成精神勢力強勁而鋒棱不露的線條，達到含蓄和放縱的完美結合。

（二）結體變化多端，寬舒放縱，無論是由篆變隸時期《大開通》，還是漢隸成熟時期《石門頌》《楊淮表紀》，都不囿於時代規矩的造型方式，而敢於大膽突破，以重心的挪移和大膽的形變滋生出超脫於時代的奇趣。此外，無論是《大開通》的古拙寬疏，還是《石門頌》《楊淮表紀》的寬博舒朗，都保證了字內空間的寬闊。無論筆劃是否放縱，均沒有中宮緊縮、壓迫內部的結構類型，從而形成石門漢隸所共有的寬博、從容、大度的結體之美。

（三）分行布白的自然錯落，因石賦形。石門漢隸是在崖面上書丹刊刻，須隨山崖的曲勢和寬窄而分行布白。在不規則的崖面上不刻意求一致，以隨勢賦形等手法進行分行布白，在不規整中形成和諧局面，不拘於傳統行列秩序。無論《大開通》入侵式緊密結合融為一體，還是《石門頌》大局有序小處錯落的平中寓奇，《楊淮表紀》豎有行橫無列自由式布局，均表現出毫無拘促的整體和諧，石門漢隸在這方面以獨到的「整體著眼」天人合一，顯示出野逸與典雅並存，趣味和秩序並舉的大局觀。

總體而言，石門漢隸群體完整保存隸書字體演變的本真狀態，從古隸至成熟漢隸都極具典型性，既對隸法認識及文字學研究有借鑒意義，同時以一脈相承、相對統一的風格為共同特徵，形成石門區域內獨特的筆劃精勁、結體寬綽、布局靈動，並以情性取勝的山林野逸風格特色，是中國書法史上漢隸的一座高峰。

第三節　魏楷《石門銘》書風與雜糅之美

石門書法中，北魏時代楷書僅《石門銘》一方，然而這唯一，即成為魏

碑中的極品神作。其處於石門隧道西壁，爲一篇六百餘字的鴻篇巨製，正與東壁的《石門頌》相對。前章已論及《大開通》與《石門頌》在漢隸之中分別獨開一脈之風，而《石門銘》在書法史上地位堪與之比肩，亦是石門石刻在書法史上留下的又一扛鼎之作，其獨秀於魏碑之林，與《瘞鶴銘》並稱「南北二銘」，歷有「南有《瘞鶴銘》，北有《石門銘》」之說，雙峰並立，被奉爲稀世珍寶。其書寫者爲書法史上名不見經傳的王遠，但其表現出來的書法藝術之美卻令歷代觀者傾倒。比起《瘞鶴銘》修長端莊、秀逸沖和、雍容高雅，《石門銘》奇逸潑辣，特立獨行。《瘞鶴銘》字形長，《石門銘》略扁，被評爲「渾穆大氣中，多有奇趣」「飛逸奇渾，分行疏宕，翩翩欲仙」〔註13〕，整體給人一種飛動、奇逸的美感。值得注意的是，其「奇」並不是相對於端莊嚴謹、法度森嚴的唐楷，而是相對於其他魏碑而言。我們知道，楷書中魏碑這一類型較之唐楷就以奇險著稱，而《石門銘》能在魏碑之中稱奇，可見其形式特質更可謂奇中之奇。康有爲將其列爲「神品」，有關神品之境界，古人有如此描述，張懷瓘在《書斷》中：「羲之備精諸體，自成一家之法，千變萬化得之神助，自非造化發靈，豈能登峰造極。」簡而言之，書作功力俱到，法度圓熟，且不拘一格、不循常理，融百家爲一爐，對各種規則靈活運用，達到變幻莫測不可端倪的境界。那麼《石門銘》以何種形式，令人產生如此神妙莫測的美感呢？筆者以爲，《石門銘》書風之奇逸神趣，正在於其超越了魏碑字體單一性、常規性的風格系統，將許多差異極大的元素和規則有機融於一體，不可以一種規則框束描述之，體現出一種典型的「雜糅」之美。所謂雜糅之「雜」即是兼採諸種不同的元素，「糅」即是將這些元素融合在一起，形成一種極具張力且神妙莫測的美感。筆法系統、結構系統、章法系統中，都體現出兼具眾美，超越單一系統的諸體美感之雜糅，其藝術元素極大豐富的呈現，堪稱魏碑中之最。

一、點畫雜糅

《石門銘》之點畫形態極大豐富，大多不可以常態論之，作爲魏體楷書，而具有靈活的筆意，兼有向諸體形態靠攏之因子。即相對於「定體」特徵單純、明確的點畫，體現出「雜」與「糅」形成的豐富性、含混性以及內在張

〔註13〕康有爲，廣藝舟雙楫〔M〕//黃簡編輯.歷代書法論文選，上海：上海書畫出版社，1979.818。

力。具體有以下幾個特質。(圖 4.15)

(一)亦方亦圓

就起收處形態而言,魏碑可分爲方筆魏書和圓筆魏書兩類,具有各異的風格特質,而《石門銘》點畫似乎兼而有之,不能準確歸屬於方或圓的類別。康有爲言「方用頓筆,圓用提筆。提筆中含,頓筆外拓。」〔註14〕一般方筆用的是頓筆法、翻筆轉折,精勁而緻密,結體顯得外拓而雄強,貼近於隸書放縱而沉著的精神;而圓筆則用提筆法,絞法轉折,顯得筋骨中含渾勁,婉轉而通暢,貼近篆書內斂肅穆之韻味。魏碑中典型方筆諸如《始平公造像記》,雄強而潑辣,精神外露,圓筆典型如《鄭文公》碑,蘊藉文雅,精神內斂。而《石門銘》筆形筆意很濃,不方不圓,亦方亦圓(圖 4.15、4.16),既不完全是方筆鋒芒畢露,也不是圓筆的藏鋒匿芒,起筆或收筆處有時也出現鋒芒,不過並不刻意造出方頭方腦的平行四邊形,像《始平公》那般,但也不完全藏鋒匿芒呈圓狀,如《鄭文公》。時而有精神縱逸外露的表現,有時一筆中起筆出鋒而收筆圓渾,或者反之。融合了方圓兩種筆勢特點,既有方筆的雄強險峻外拓,又有圓筆的渾樸超逸中含;既有方筆的從外向內的壓力,外顯的視覺衝擊力,又有圓筆的由內向外的圓融含蓄中蘊含的張力,二者集於一身,具方圓並用之妙,使得整體筆劃很多時候都呈現出一種無法描述的非典型性狀態,具有難以準確歸類、難以言說的含混美的意蘊。

(二)圓渾篆意

《石門銘》的筆劃較之其他魏碑而言,行進的流動感更強。首先表現在弱化起收兩端提按,突出中段行進之力。對比兩端粗、中段細,起收形態鋒銳如刀的魏碑普遍筆形,可以看到《石門銘》筆劃起收處和中段對比往往粗細變化不大,起伏較小,整條線通行中鋒,甚至有時還對起收動作加以簡省,使得中段呈現略微鼓出的外張力。點畫大多去形就勢,以線條的行筆,力的流動,使得整體筆劃看起來更爲伸展、輕盈。其次,弱化筆劃「尖銳感」,其撇捺、鉤挑的收筆處,亦少出尖,大凡要出尖的地方,均處理得比較鈍,比如鉤的特點,較之一般的魏碑鉤法略長而鈍,如:「乃、成、閣、門、馬、將」等字(見圖4.16),出鉤的末尾沒有加速挑出的尖鋒,勢力並不因筆劃的結束

〔註14〕康有爲,廣藝舟雙楫〔M〕//黃簡編輯,歷代書法論文選,上海:上海書畫出版社,1979.843。

而減弱或止頓，而是直送到末端，意猶未盡。另外，筆劃末端沒有迅速挑踢出去，正因爲沒有加速度而顯得從容遲緩，精神也含而不露。再如：「仗、挍、逸」等字的捺畫（見圖 4.16），同樣如此，收筆處不減力直送筆末，本來對比非常強烈的肥厚捺腳，末尾不出尖，對比不明晰，這種特徵同樣弱化筆劃的粗細起伏，給人一種筆劃速度減緩而力持續行進的感覺。

其筆劃弱化兩端、注重中段、減少出尖特徵，使得線條呈現一種圓渾而中實的效果，而這種具有「圓、鈍」中鋒特徵的筆道，消解了魏碑方峻筆劃的尖銳、強悍視覺衝擊力，形成優游流動而又勁力內含的「飛渾樸拙」之感，貼合的不僅是隸書向楷書演進時期逐步泯滅波磔而隸意尚存的形象，甚至還貼近篆隸之間的「古隸」乃至更爲高古的「篆籀」之氣息〔註15〕。

（三）隸意留存

北魏時期是楷書盛行時代，魏楷《石門銘》雖以楷體爲正體，但還存有隸書向楷書演進時期逐步泯滅波磔而隸意尚存的意味，還有些許筆法中保有古體隸書之形，即以一種隸楷筆法的雜糅，在筆劃末尾呈現出近似隸書的雁尾形態。作爲一種「復古」對古體隸書之法的追溯，縱觀魏碑中滲入隸書筆法形態之現象並不少見，尤以北朝後期爲最，然而多生硬、突兀，具有鮮明特徵的隸筆難以與成熟的楷書筆劃系統相協調，從而造成不倫不類令人如鯁在喉的「混合體」。而《石門銘》的這種隸楷雜糅是比較「隱性」的，並不將典型的蠶頭雁尾的隸筆完整形狀突兀地加入字裏，行筆中段沒有強烈起伏的「S」形波度，也沒有下沉上翹形成誇張肥厚的雁尾，更多時候是作爲豐富筆形的手段，略具隸意的筆形走勢，打破魏楷統一的筆法模式。比如「里、皇、五」等字（見圖 4.16）第三個橫畫均有隸書遺意，即筆末右切改爲左切，楷書收筆是右切面，而隸書雁尾收筆切面是左切。通過改變收筆的切面方向，避免筆劃形狀的重複與雷同。而另一方面則追溯的是隸書行筆趨勢，如魏碑楷書橫畫走勢多向右上方，而隸書的走勢是先向上揚然後壓低，《石門銘》筆劃並不一味向上，而糅合了隸書的收筆走勢，在多個雷同上揚走勢中，間以「下沉」，打破通篇向上的定勢。因此《石門銘》楷書中以筆形和筆劃走勢的「隸意」的雜糅，極大增加筆法豐富性和靈活度，同時也增添了筆法之古意。

〔註15〕陳思，破而能立 雜而能容——「雜糅」之美的當代啓示〔J〕，中國書法，2014，
（4）：139。

（四）行書筆致

《石門銘》中還有著嚴肅碑版中十分少見的靈動筆意之表現。其筆勢輕鬆，在信筆過程中，多處出現雜以行草筆意的飛動連筆，甚至滲入行草書部件（見圖4.16）。比如「洛」「升」，撇捺等筆劃銜接處，運用了迴環的牽絲連筆，「足」「起」的「走」部件下部分以兩點行走的連帶，都可見行書筆意之滲透。「眺」「爲」「正」「往」等字則都採用了行草部件。而這種行草滲透不僅在筆形上，更體現在一種整體的動勢上，因此比起一般魏碑的凝重感，《石門銘》更具有一種行書流動筆意的「書寫性」，透出其行筆的速度，起承轉合一氣呵成；還有的筆劃中帶有筆意自如變換的弧度，比如「紀、隴、元、地」等字飛揚的鉤法，不再呈現一般楷書鉤形，而是由於筆速的輕鬆迅疾，和豎彎融爲一體成爲一個彎弧，這也是行草寫法。「挍（校）」左豎略有「S」形波度，用帶弧度筆劃顯得輕快感，弱化了一般魏碑筆劃塊面狀的堅硬、緊張感覺。使得《石門銘》的筆法中既有篆籀的圓融、遒勁、渾樸的底蘊，又有行草的靈動、鬆快、活絡的精神。

綜上，《石門銘》筆劃形態豐富，兼具魏書方圓筆之妙，同時弱化提按減弱出尖，形成線條中實、圓渾的篆籀古意，更有隸書筆意和行草運筆自如流暢的呈現。化合式的融通雜糅，使筆法雜糅呈現出天然狀態，其融合就像化合物一樣自然合成，彷彿隨心所欲，信手拈來，將楷法、篆意、隸味、草情，四者融會貫通，方圓兼美之致、篆籀圓渾之意，隸書古質之韻，行草飛動之勢，諸種因素交雜全然無隔，渾然一體，實爲筆法雜糅之大成。

二、結體：誇張、逆反與跨越

《石門銘》結體最突出的特徵是富有奇趣，筆者認爲，其書風的「奇逸」感覺，是使觀者的觀賞規則、定勢、預期都受到挑戰和衝擊——然而卻不覺違逆突兀而欣然接受，並產生美之驚歎。視覺和心理上的新奇感來源於結構形態對常規的誇張、逆反、跨越。《石門銘》結構的「出奇」有三個向度，一是「誇張」即超出常規預期；二是「逆反」即與常規相背而行，反其道而行之；其三更在於書風的跨越性，超出單一時代系統，遊走於各種風格的楷書結構系統之間，向不同時代特徵的楷書系統順勢趨近。

（一）大膽的誇張與形變（圖4.17）

《石門銘》往往將楷書結構中常規特徵加強，不時挑戰視覺極限，造成

形變的熟悉而陌生之感。魏碑中往往講究部件錯落、字型比例的長扁、對比伸縮長短大小、字勢的傾斜敧側。形成奇正相生之趣，而《石門銘》之奇處，並不僅在於具有「錯落」「對比」「造險」這些特點，而且在於其造型誇張度有時比其他魏碑更爲過渡，比一般心理普遍接受的對於魏碑「奇」的預期還要更甚一籌，處於出格與不出格的臨界點上。錯落更激烈、對比更誇張、奇處更奇，正處更正。

1、字形極度拉伸扭曲：《石門銘》因山體不規則無法將字按常規統一刻入，常常是要通過拉長、壓扁、扭曲等造成形變，因地制宜。比如將有些字壓成奇扁：「仗」「餘」「令」，還有一些走之底的字「迴」「逸」「酒」，幾乎將中間部件壓入走之底；有的字擠得奇長，如「襄、才、秦、岸、泰」等；還有個別字大膽扭曲，「戌」「風」「陽」「建」「原」；還有如「阿」以左右兩豎帶弧度，呈合抱之勢，「口」部件位置幾乎黏在右邊豎鉤上，形成中間廣闊的空間。再如「崖」之「山」字頭中間一豎主筆突出，與位於其後的「巖」字均略呈三角形，結構天成，各具其妙。

2、部件挪移形成強烈錯落：左右部件往往有著比一般楷書更爲誇張的位置錯落感。左部誇張收縮居高者，如「嶮」左部件「山」縮得特小而位置特別高，被右邊撇畫所承托，「功」也是如此，左「工」部件收縮而居上。與之相反的是左部下沉，右部上懸的情況，如「馳」右邊「四」的位置格外高，「控」右邊「空」整體都偏上。「跡」「岨」等字，左部下沉，右部件也皆偏上。

3、誇張的比例變化，伸縮對比度。這也是其他魏碑所不能及的，比如「秦」本身造型就是上小下大，而《石門銘》的「秦」形體將重心極度升高，上部極度縮小，撇畫上面幾乎沒有出頭，下面部分撇捺誇張伸展，而下半部豎鉤之豎卻特別長，把上小下大，上短下長的結構比例加以誇張。「山」，一般的造型即是中間高兩邊低，而此「山」卻比起一般造型的「山」要誇張許多，將中間的豎畫拉得更長，左右兩豎畫縮到極短，形成強烈的落差。再如「通」的走之底臥捺伸出的長度，超出慣有的比例。「春」撇捺超長。還有的字撇捺橫向體勢開張，夾角比一般魏碑更大一點，從撐住的「直立」感轉爲帶有運動「奔跑」感，比如「久、丈、史、天、足、之」等字，似一個個處於奔跑運動狀態的人，呈現「飛逸之氣」和「翩翩欲仙之勢」。

（二）逆向思維，逆而不悖（圖 4.18）

對於常規慣式進行大膽的突破，反其道而行之，勇於「逆反」挑戰觸犯，

而不相悖。

1、避讓——相爭，部件組合本當以相互避讓爲諧，而《石門銘》在一些地方，其部件本以爲應當相互避讓之時，卻不進行避讓，而是任其自然，讓其各行其是，相互爭鋒。比如雙捺，隸書中有「雁不雙飛」之說，同樣楷書中一個字中同時出現兩個捺畫時，多將其中一個寫成反捺，或者略微收縮。而《石門銘》中卻出現不少雙捺並存現象，如「鑒」「途」，將兩捺筆均放縱延伸，即一齊放縱。「無」二、三兩橫畫，一般當收縮上橫，放縱下橫爲主筆，而此處卻將兩筆一起放縱，兩橫形成爭勢，大膽的並行。「逸」上面部件本應收縮以避讓走之底，而其卻將「兔」之撇毫不收縮的大膽插入走之底，交叉相鬥。如此部件間形成互不相讓的相爭之勢。

2、和諧——突兀，一般爲達到字內和諧，字內零部件當服從字勢，配合呼應，而《石門銘》往往會以某部分部件的極端傾側形成個體內「不和諧」因子。或某筆劃與字勢呈相悖之勢，如「惟」字勢中正，然中間單人傍之豎畫左傾。或上下部件不一致，如「崩」字上部正而下部傾倒。有時在整體正的字裏，讓其中一個小部件形成歪斜，如「露」，整體字是正的，而右下角的「各」，卻明顯向右上揚，形成和「雨」「足」兩部件完全不同的趨勢，在整體平正的字中形成了不和諧的「異音」。還屢有奇筆，如「梁」之右下角放縱的點。

3、包容——突出，包圍結構多用外框將內部結構包容穩妥。而《石門銘》有些包圍結構，其中間的部件突出包圍，一反字框的包容，給人一種突破束縛之逆感。如「開」將內部的部件「开」衝出門字框，突出包圍。「遠」「途」，內部之部件超出走之底，這和篇章中一些被包圍部件收斂，走之底極端伸展的字如「迴」「逸」又形成了極鮮明的對比。比起一般安居於框內的結構，具有「不安於室」的大膽。

4、平衡——失衡，《石門銘》的字，整體姿態常有左右傾側，大膽「失衡」的狀態。這是對楷書「站立」理念的逆反。一般來說，楷書變化中敢於「造險」，但是要通過字內部調整，用另一邊偏旁或筆劃來「補救」處於不穩定狀態的部件，以此維持字的站立平衡，而在《石門銘》中，卻多有全無「平衡」顧慮的左右傾側飛動之勢，不但不在險處加以補救匡正，反而在不平衡上加碼，造成完全的失衡。似乎故意將字推倒拉歪，無需顧忌補救險勢或站立平衡。比如「更」，字型右上揚，捺畫大膽往上翹，不俱失衡。「斯」，左邊

的「其」已然向左傾側，而右邊的「斤」並沒有垂下豎畫，於右下角撐住形成平衡，而是反縮於左邊之上，整個字向右上揚呈左傾，所形成的姿勢是類似起飛騰空離地一瞬間，速度豎直向上的超重狀態，正因並不執著於站立，也不刻意補救平衡，而隨意進行自由的左右傾側搖擺。還有如「導」上部件大而傾，下部件小亦傾斜，加劇左傾，近乎即刻傾倒。「酒」「途」等字，皆有被流體托著滑翔的狀態。而「建」「州」等字則向右下垂墮，近似於降落瞬間的姿勢，每個字形成一種離紙飛去或向下墜落著陸的姿態，具有勃然流動的生氣。

三、結體特徵跨越時代（圖 4.19）

《石門銘》通篇結構以上揚為主，這是北魏洛陽時期楷書的典型特徵，而《石門銘》中除了上揚結構之外，兼具向右下垂墮、平正站立等態勢。無形之中使整個篇章字形的結構系統打破本時代典型的定式，在前後時代的楷書結構系統之間進行雜糅，形成跨越不同時代結構體系典型特徵的陌生感、新鮮感。

北朝魏碑發展經歷了三個階段：北朝前期的平城時期，右沉式，是剛由隸書轉化成的楷書，多重右輕左，結體呈現向右下方垂墮之勢，具有拙重感，即呈「右沉式■」典型特徵。北朝中期洛陽時期，為上揚式，「斜畫緊結」。楷書特徵逐漸明顯，形成的洛陽體，結體呈「右上式■」──橫畫出現了向右上傾斜，斜勢的產生是由隸書的結構與書寫矛盾運動的結果〔註16〕。北朝後期復古時期：為平式，「平畫寬結」。復古之風籠罩下加入隸書古因子將洛陽體橫畫拉平，緊結變寬，結體多呈「平正式■」即平畫寬結的結構特徵。

〔註16〕賴非，斜畫緊結與平畫寬結是北朝書法的兩個階段，中日書法史論研討會論文集〔C〕，北京：文物出版社 1994.173。

「平式■」 迥 迴 仗 伕 詔 詔 左 左
伊 伊 駢 駢 哲 哲 若 若

　　這三種字勢：下沉勢、上揚勢、平勢。分別代表北朝不同時代的楷書的典型結構特徵。對《石門銘》所處時間來說，分別是其過去時、現在時、將來時。雖然未必有意，但在大膽觸犯結構規則、進行左搖右擺欹側之時，其結構組合變化方式在客觀上已然不限於本身所處的洛陽時代結構體系，而同時向著它之前、之後兩個不同時代楷書特徵順勢趨近。《石門銘》中的右下沉式結構的字，趨近於其前期的北魏平城時期的右下垂墮特徵，占大部分的上揚式是北魏洛陽時代也就是當時典型「洛陽體」，而其中的部分平勢寬結結構又「超前」貼近其後的北朝後期復古書風演化出來的風格，故《石門銘》結構不但有斜畫緊結、平畫寬結，還有斜畫寬結、平畫緊結的呈現。不同時代、體系字體結構的交錯形成視覺審美非常複雜又相當豐富的感覺。也就是其一個篇章之中，雜糅了魏碑不同時代、多個發展階段的典型楷書結構系統美感。兼具不同時代典型的或拙、或巧、或平和的趣味，形成結格風格跨越的視覺衝擊力。正因爲兼容觸及著魏碑不同時代的典型結構方式，所以既讓人覺得非常熟悉，又因跨度之大而有「陌生感」、「新鮮感」。給人以時代典型結構體系之外的視覺張力，這種張力已不止是結構搖擺產生的動感，更是不同楷書結構系統之間巨大的勢力。

四、篇章布白：楷法與草法精神雜糅 (圖 4.19-1)(圖 4.19-2)

　　《石門銘》章法神妙無窮，整體縱有行，橫無列，然而縱有時也隨著石勢整列游移，疏密不定，有的行列之間分離較開，看似分散搖盪、互不關聯、雜亂無章，然而通篇視去卻有一種流動的氣脈，出奇的自由和諧。其體現的不僅是楷書莊嚴靜立或者統一姿態的陣勢，而是類似沙鷗翔集的場景，一個個字或凌空飛騰、或優游滑翔、或俯衝著陸、或安然靜立、或蜷縮側臥，個體雖形態各異、千姿百態，但相聚而形成一幅和諧眾生之相，呈現一派個體自由與整體大勢所成的和睦氛圍。有著神妙莫測難以言說的妙處，其實這是由於其身爲楷書在縱有行橫有列的布局基調下，雜糅草法精神，用了草書章法行陣方式來統御通篇布局之故。

　　就行草與楷體布局而論，行草書的通篇布局之法和楷書不同。楷書屬於靜態字體，每字不論姿態如何，都是站立的，首先字內站穩平衡，然後有序

排布使得整體章法和諧統一。字間關係是靜立形成相對統一的陣勢。或者以統一字勢形成陣勢來呈現整體的平衡。（如圖 4.19 右中框）《元楨墓誌》。雖然個體斜勢飛動，造型險絕，而通篇字服從統一的上揚之勢，形成緊張嚴峻、險絕威壓的「軍陣」之感。而草書是動態字體，其章法平衡方式是靠字組之間關係的破界法。是以上下字之間、字群之間、甚至隔行之間的偃仰呼應、上揚下挫、收縮擴張來造成通篇的平衡。因勢布局，大小疏密任意爲之。因此所謂草法，其實代表了一種更大局著眼的布局。平衡眼光更寬廣，即不局限於字內部平衡，而以上下左右相臨字間、字組之間的形態、動勢來形成整體的動態均衡穩定的關係。

　　《石門銘》的章法正體現出了一種行草書創作中的章法思維模式。這種草法的運用並非靠快速簡約連綿的牽絲，而是一種草法中對「動勢」平衡把握的思維。不執著於一個字裏內部站立平衡，也不執著於靠通篇統一的陣勢尋求平衡。雖然互不黏連，但以精神上的破界之法，依靠動態楷書個體的組合形成篇章「大局」的動態平衡。

　　其對楷書「站立」的逆反，遊走不同的系統之間的結構，恰恰突破了楷書單字「靜態」模式，字勢的上揚下挫，打破了字內平衡和統一陣勢，使大多數字處於自由的動態中，成爲具有可參與應用行草布局方法的個體因子。一種草書篇章思維的組合方式，上揚下沉、左挪右擺、長扁大小、伸展收斂、誇張變形，欹側搖盪，都成爲合成行氣的一份子。在草書式的篇章大局組合思維模式中，這些來自不同系統的奇趣橫生的結構，並非混亂摻雜，而是以相互作用調節著篇章氣韻，將一個個本不和諧的「異音」組合成有節奏的抑揚頓挫的樂音。在字陣之中，統一上揚右腳離地的狀態加入平正結構、下沉結構作爲平衡停頓和調節，比如扭曲歪倒的字，以相臨字的平正來獲得視覺平衡，有時以一群字和另一群字形成平衡。比如右側一組上揚，中間一組平穩下沉。這種布局方式使得點畫、結構、字間原本複雜而有矛盾的各種「動勢」在相融中走向和諧和統一，有著更強包容力與和諧能力。

　　這也是爲什麼《石門銘》不顧一個字的平衡，極盡誇張變化、扭曲傾倒、能將不同結構系統的字放在一起而不覺得雜亂突兀，正因爲這種誇張的形變因子恰恰是草書篇章布局的自由容許度所涵蓋的，（或者說是草書章法，尤其是追求視覺效果的草書篇章布局所需要的）。因此也在整體和諧大局中，最大限度的充分保持了個體的自由度，線條的動勢、結構的取勢、不斷相互作用，

產生化合，使其整體篇章渾然一體，形散而神聚。

　　《石門銘》的神妙莫測的布局，實際上是一種對草法布局精神的雜糅。而其以楷書雜糅草書方式，在整體觀感上比起草書遊絲連綿猶如滿紙雲煙繚繞，另有一種自由閒散，悠然安靜之感。正如康有爲所言「若瑤島散仙，驂鸞跨鶴。」〔註17〕體現的是鸞鶴翔集、瑤島散仙的眾生群相。彷彿統御之的並非人爲規則，而是自然法則的和諧平衡。

　　《石門銘》附圖如下

圖4.14《始平公》《鄭文公》《石門銘》筆調比較

圖4.15《石門銘》筆劃雜糅

圖4.16《石門銘》大膽誇張與形變，

圖4.17《石門銘》逆向思維逆而不悖

圖4.18《石門銘》結構特徵跨越不同時代

圖4.19-1《石門銘》篇章布白──楷法與草法精神雜糅的特殊平衡 全篇圖

圖4.19-2《石門銘》篇章布白──楷法與草法精神雜糅的特殊平衡 局部圖

圖4.14　《始平公》《鄭文公》《石門銘》筆調比較

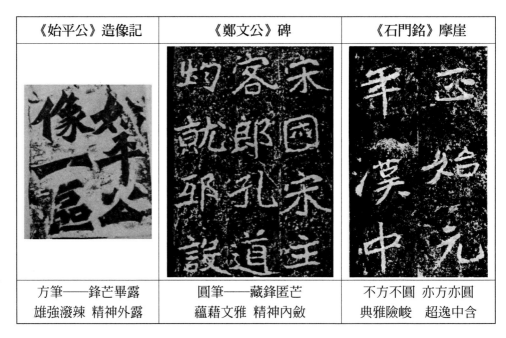

《始平公》造像記	《鄭文公》碑	《石門銘》摩崖
方筆──鋒芒畢露 雄強潑辣 精神外露	圓筆──藏鋒匿芒 蘊藉文雅 精神內斂	不方不圓 亦方亦圓 典雅險峻 超逸中含

〔註17〕康有爲，廣藝舟雙楫〔M〕//黃簡編輯，歷代書法論文選，上海：上海書畫出版社，1979.832。

圖 4.15　《石門銘》筆劃雜糅非典型性

總特徵	筆劃特點	拓片圖例
筆畫雜糅非典型性	亦方亦圓	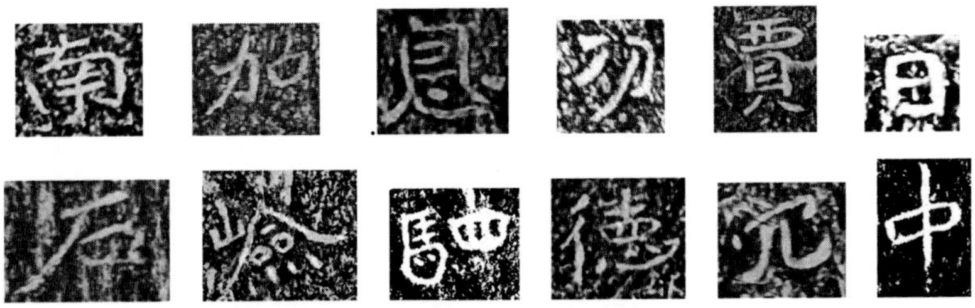
	圓渾中實 長而鈍的鉤法	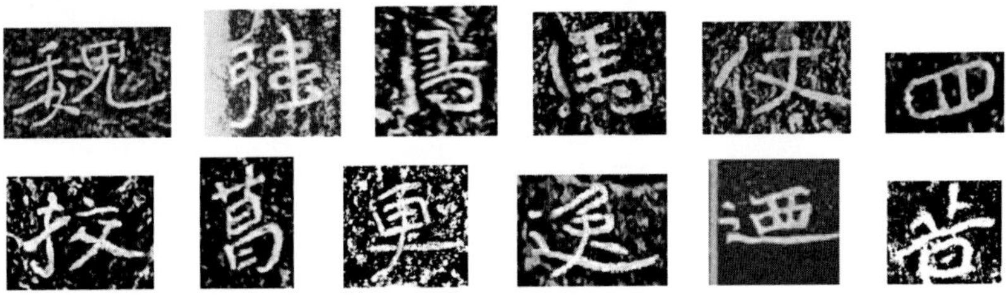 
	隸意留存	
	行書筆致	

圖 4.16、圖 4.17　《石門銘》結體 奇趣橫生之一、二

特徵	結構特點	拓片圖例		
之一 出格與變異的形變張力	誇張部件挪移或等高或錯落	左右平 〔圖〕　左高收縮 〔圖〕		
		右高左低 〔圖〕		
	造型誇張拉伸	奇扁 〔圖〕		
		奇長 〔圖〕		
		扭曲 〔圖〕		
		三角狀 〔圖〕　合抱狀 〔圖〕		
	誇張比例即大小長短伸縮角度對比度大	〔圖〕 誇張的上小下大　〔圖〕 中豎與左右豎強烈對比		
		〔圖〕 超長臥捺　〔圖〕 超長撇捺		
		撇捺夾角大，若「奔跑」 〔圖〕		
		臥捺弧形著地，若「滑行」 〔圖〕		

之二 逆向思維逆而不悖	避讓—相爭	雙捺，破常規「一收一放」，均放縱 兩橫，破常規「上收下縱」，一起伸展 破常規內部件收縮，將「兔」之撇插入走之底，成相爭之勢。
	和諧—突兀	「山」正，下「朋」部件傾側，上下不同勢 「雨」「足」均正，「各」獨向右上揚，出現「異音」 「惟」體勢中正，唯「亻」之豎左傾與主字勢相悖
	包容—突出	內部件突出包圍，突破束縛。 內部件大膽超出走之底 與走之底極端伸展的字　　　　　　　形成鮮明對比。
	平衡—失衡	對楷書平衡「站立」理念的逆反，大膽「失衡」而不補救，傾側搖擺。 「其」左傾，「斤」更反縮左上，整字上揚。 上下兩豎皆傾。 右上揚，捺大膽上翹　　上部大而傾，下部小亦傾。 滑翔離地　　　降落著陸　具勃然流動之生氣。

圖 4.18 《石門銘》結構特徵跨越不同時代

跨時代結構	結構特徵	北朝魏碑發展經歷三個階段： 北朝前期——平城時期——結體呈「右沉式 ◢」——下沉勢 北朝中期——洛陽時期——結體呈「右上式 ▱」——上揚勢 北朝後期——復古時期——結體呈「平正式 ■」——平勢 《石門銘》在下沉、上揚、平勢三種不同時代的楷書結構特徵中自由出入。	
三種不同時代楷書結構特徵		石門銘　圖例	北朝三時期　圖例
	「右沉式 ◢」	門 建 眺　自 魏 亡　難 州	平城時期　《邑師法宗造像記》
	「右上式 ▱」	酒 嶮 加　途 埒 經　余 馬 然	洛陽時期　《元楨墓誌》
	「平式 ■」	迴 左 哲　仗 伊 若　詔 駢 若	復古時期　《宇文斌墓誌》

圖 4.19-1　《石門銘》篇章布白──楷法與草法精神雜糅的特殊平衡

氣脈流動　自由和諧

《石門銘》遊走不同的系統之間字的結構，突破了楷書單字「靜態」模式，使大多數字處於自由的動態之中，上揚下沉、左挪右擺、長扁大小、伸展收斂、誇張變形，欹側搖盪，自然成為行草法布局行氣流動的一份子。使整體篇章布局在縱有行橫有列的基調下，雜糅草法精神，形成「氣脈流動，自由和諧」的大局面。

《石門銘》全篇原拓片

圖 4.19-2 《石門銘》局部拓片圖例

五、神品之源——雜糅之美學意義

「氣韻生動，出於天成，人莫窺其巧者，謂之神品。」張懷瓘評價張芝草書「神品」第一時這樣描繪，「至於蛟龍駭獸奔騰拿攫之勢，心手隨變，窈冥而不知其所如，是謂達節也已，精熟神妙，冠絕古今，則百世不易之法式。不可以智識，不可以勤求」〔註18〕。

〔註18〕 張懷瓘，書斷〔M〕//黃簡編輯，歷代書法論文選，上海：上海書畫出版社，1997，177。

極則與融和。《石門銘》通常與《鄭文公》碑相比較，論者多以爲《石門銘》品高一籌，《鄭文公》較之《石門銘》，代表著一種魏楷規則的極致，在格調方面則偏向於「紅塵」與「物質」，亦多「框束」與「顧慮」。而《石門銘》則有高格超脫之仙氣。筆者以爲，並不是其書寫者思想境界有多高超絕俗，而是其形式具有突出一般規則「超逸」之特質，而且不可複製。這裡並不討論書寫者是主動有意識如此布局，還是隨意造成此等局面，單論《石門銘》形式所呈現出來的神妙狀態。其「奇怪感」「變動感」，不拘常理，跳出常規的形式，使觀者視覺上、心理上的既有規則、定勢、及審美預期受到了挑戰與衝擊——然而不覺難受、突兀而欣然接受。可謂之神鬼莫測、出其不意，本應如何而偏不如何，以爲不會如何而偏偏如何，不形成能把握的規律，「無可無不可」，其非不成熟的雜亂混合，而是能隨心所欲對各體系規則有機地雜糅、化合與運用。

其奇趣、神妙之處，正在於把本身難以融合的因素融合，並能自由和諧地化合，這就需要高超的控制力和掌控力。歷代書法雜糅嘗試不少，書者爲求創新將不同因子的雜糅，體現諸體皆備之後求新求變、逆反傳統出奇制勝的訴求，但是諸種不同字體系統之間由於特徵的鮮明，其元素相互的集合難以協調，要化解矛盾使之和諧，只能憑藉書家個人極其高超的形式構造能力和濃烈的情緒感染力，才情稍有不逮即落入形而下的炫技或意蘊的虛無。歷史上大多數書者嘗試，以「顯性」雜糅之法，將筆劃形態、結構部件，甚至不同體的字放在一個作品中，多出奇怪之作，結果是懷有創造奇偉美感的嚮往而落入形而下的刻意、矯飾，有意於佳反不佳而受到非議〔註 19〕。如北朝後期部分銘石書將篆隸楷行各種字體的形態集於一碑，生拉硬湊，多由於各種因子「雜而不容」，反而成爲不倫不類的「混合體」。而另一種「隱性」雜糅，則指向筆法之間、結構系統之間、篇章布局行氣組合方式之間的「法」「規則」的靈活運用。即不是以「形」交雜，而是以筆法的豐富、結構方式的多樣、篇章布局理念等多系統的跨越，來達到字體、書風之雜糅，因此並無不適之感，以極強大的藝術協調力和情緒感染力，把一切形式、法則等因素全然化爲自己藝術情感的軌跡〔註 20〕，將原本不能調和的各字體因素化爲動靜、虛實、節奏因子。顯然難度更大，需掌握不同系統之「法」，並恰如其分

〔註19〕陳思，淺論北朝後期「復古銘石書」的藝術價值〔D〕，北京：北京師範大　學，2013。

〔註20〕陳思，破而能立　雜而能容——「雜糅」之美的當代啟示〔J〕，中國書法，2014，（4）：138。

的運用，達到和諧狀態，因此也難以複製。這樣成功的作品猶如鳳毛麟角，如果成功，則成爲「奇品」「神品」，使人驚歎畏服。

《石門銘》之神奇，正是貼合了隱性雜糅之妙。以強大的精神力量將不同字體構造元素統一於一篇，將原本靜立的楷書形體化作抑與揚、動與靜、虛與實的能量符號，體勢之方圓、眞書之靜止，草書之疾奔，篆籀之內涵，本不相容的各體之法掌握在手，隨心馭法，化形爲情。隨心遊走於諸種字體筆法系統、結構系統之間，篇章布白法則之間、楷書章法和草書行氣章法之間相互借鑒滲入，卻絲毫不覺桎梏，全無不自然的「混合」隔閡不適感。呈現了書法中的至高境界，「隱性」雜糅的神妙莫測。

從上面的分析可以看出，《石門銘》展現出三方面雜糅，其一是筆法雜糅諸法；二是結構方式跨越多個楷書結構系統之間；三是篇章布局方面將楷書章法和草書章法之間的雜糅。可以看到，其無論哪一方面的雜糅都是跨時代風格、跨字體系統。充滿對單一字體規則、慣勢的逆反，並且不突兀。《石門銘》是相對於洛陽體成熟系統的掌握之後的變異，呈現出集大成之後新系統的色彩。無論是筆法、結構還是章法方面，均呈現出雜糅眾體與眾不同的特質。不僅呈現出不同時代、各個風格的楷書系統，而且有篆書、隸書、楷書、行草書各系統「法」的呈現，自然有格外令人驚歎的效果。出其不意的使用規則並跨越規則，令人捉摸不透，難以把握，對規則不拘常理的呈現和自如捨棄或啓用。似乎全無道理，卻無懈可擊。似乎明白其妙處，卻無法複製，亦無規律可循，需要妙手偶合，心手巧合，正因其難，故而稱《石門銘》爲「神品」〔註21〕。

無論《石門銘》書者王遠書寫時是否有完全意義上的書法創作意識的自覺，但在客觀的石面上的確爲後人呈現出這種有如神助、不可端倪、難以捉摸、雜糅和諧的神妙形式，稱其爲神品當之無愧。

第四節　宋隸式微下石門隸書逆時代興盛

宋代石門石刻書法，諸體皆備，呈現出字體的多樣化，其最具經典性的還是隸書。在書法史上，隸書在東漢末期發展到極致之後，隨即走向沈寂，歷經魏晉、隋唐發展，始終氣象不復。宋代書壇處於宋四家蘇黃米蔡爲首的「尚意書風」籠罩下，行草書風靡書壇，形式也以尺牘爲主。隨之而來的便

〔註21〕康有爲，廣藝舟雙楫〔M〕//黃簡編輯，歷代書法論文選〔M〕，上海：上海書畫出版社，1979.829～830。

是古體隸書的進一步式微，尤其隸書石刻，更是幾近銷聲匿跡。而在這隸書的低迷期，石門石刻群中卻遺存著不少宋人隸書石刻，無論是工程紀念的精工大型石刻，還是遊山玩水信手而書的遊記題名，隸書的比例都是相當的大，其在宋代這個隸書式微時代，保存了宋人隸書風貌，對隸書幾成絕響的宋代書壇，無疑是極可貴的。然而書法史卻提及甚少，遑論寫刻略顯草率的大部分題名，就算是名列「石門十三品」的《山河堰落成記》，也是在歷代書者觀者評價和鑒賞中最被忽略的。因此，石門宋代隸書之風氣值得一探。

一、以晏袤為代表的宋代石門隸書成就

石門隸書之盛，最主要人物就是被稱為隸書「宋人第一」的晏袤。其留下多方題刻，而其書在石門宋隸中，相對來說最具聲名。晏袤，山東臨淄人，為文學家晏殊七世孫，性嗜古而且工書法，是宋代為數不多的擅寫隸書之人，其隸書成就與其醉心於古文字有關。前文已論及，宋代金石學發達，晏袤即是在金石學方面頗有研究者，而又因其任職於漢中，對石門摩崖石刻興趣極大，對石門石刻《大開通》《潘宗伯韓仲元造橋閣、李苞通閣道題記》等均有考釋，同時對石門漢隸之美已有了初步欣賞，稱《大開通》書法「書法奇勁，古意有餘」，而他研究考釋的同時，也在此留下自己的親筆手書。在南宋紹熙和慶元年間任漢中南鄭縣令（1190～1200年）三過石門勒石刻書。至今可見總共有三塊，其一就是《山河堰落成記》，刻於南宋光宗紹熙五年秋（1194年），是其為山河堰工程落成所寫的工程記錄。其餘兩塊均是考釋前代石刻的釋文，分別是南宋紹熙五年《鄐君開通褒斜道摩崖釋文》和南宋寧宗慶元四年（1195年）的《潘宗伯韓仲元造橋閣、李苞通閣道題記釋文》。這三方石刻均為隸書長篇大作，足見其隸書功底。其中《山河堰落成記》最為著名，名列「石門十三品」，形制高大雄壯，在漢中博物館中獨自佔據一整牆，是石門十三品中最大的一方。通高七尺，寬一丈九尺，共有十六行，每行九字，字大六寸餘，刻痕深而清晰，保存完好。就整體而言，端莊整飭，波磔分明。堪稱宋代隸書的代表之作（圖4.20）。

作為宋代隸書的代表，石門石刻中晏袤的隸書具有漢隸遺風，比起唐代隸書，有了一定進展。清代歐陽輔《集古求真》說「此記雄厚生動，石門鄐君、李苞二題，簡古方嚴，具有漢人遺意，雜置漢碑中，幾難分別。」〔註22〕

〔註22〕歐陽輔，集古求真・八分下卷十〔G〕//石刻史料新編第一輯第11冊，臺灣：新文豐出版公司，1982.8581。

圖4.20　晏袤《山河堰落成記》摩崖拓片

　　唐代隸書整體雖點畫精工，但氣息卑俗，其關鍵就在於「楷法寫隸」，隸書中有楷法「底色」，雖盡力摒棄楷書的形態，但楷書的筆法、結字法卻根深蒂固，一直都在不自覺地起著作用，給人以「楷法擬隸形」之感，被歷代論者稱爲「楷隸」。尤其在一些細微點畫「精神挽結之處」失卻了純正的隸書之法，尤以轉折處和鉤挑處最爲典型。且結體內縮，波磔程式化嚴重，顯得矯揉造作、呆板扭捏，如史惟則《大智禪師碑》、唐玄宗《石臺孝經》均有此病。晏袤隸書之氣象更新，主要在兩個方面強於唐代隸書。

　　其一，轉折處隸法「接搭」

　　其隸書轉折處改變唐以來隸書之通病，大部分不像唐楷那樣以楷法作折，而是上承漢隸，採用了漢隸典型的「接搭法」。典型隸書轉折處特徵爲「接搭法」、「屈弧轉法」，是體現隸書精神、連結聚氣的關鍵點，而唐代隸書由於楷法的根深蒂固，在轉折處採用了楷書的折法：右上角塌下一塊形成「斜肩」，不但妄生圭角，且無法支撐字之骨架，氣勢也顯疲軟萎靡，對隸書精神大有折損。晏袤隸書中的折法，顯然是漢隸「接搭法」餘脈。如「丙」「爲」在轉折之處，不以楷法提按出折角，而是以兩筆相接「撐住」。顯然是對漢隸古法的繼承吸取，不再遵循唐人楷法作隸之習氣，使得整體精神尙挺拔。

　　其二、結體寬博

　　寬博開張的結體，改變唐隸內擫分背結體方式。漢隸轉折後多爲外拓，氣象外放，唐代隸書恰恰相反，折筆後筆勢多爲內收，呈弧形相背之勢，緊結的結體扭捏且造成兩邊向中心擠壓之視覺壓力，失卻博大的氣象。而《山河堰落成記》相比而言，體勢就要開張許多，較唐隸略扁，比較接近漢隸的形態。尤其豎畫不再兩邊向內扭曲，而是挺直略外擴，形成字內部空間的舒朗，體態寬宏，具有從中心向兩邊開張充盈之力感。

　　因此晏袤隸書比起唐代隸書，精神氣息純正些許，是有一定功力的，承漢隸正脈，在存世極少的宋隸書碑刻當中彌足珍貴，但是比起漢代作品，還是有著三方面缺陷。

　　其一是隸法不純，時有纖弱生硬之筆。

　　其雖然盡力上追漢隸之法，較之唐代以來的「楷法作隸」要好些許，但隸法不純之現象依然存在。有時不經意露出楷書尾巴，如「出」的兩個山的轉折處顯然不經意間就將一貫熟悉的楷法流露出來。同時，不時顯出對隸法駕馭能力之不足，尤其撇和鉤挑末尾，格外生硬突兀，多出現不完滿的病筆。漢隸的撇和鉤法圓融含蓄，過渡流暢，而晏袤之書出鉤多生硬且缺乏過渡，往往到末尾突然出鉤，如「守、被、歲、水、者」，「歲」撇畫直而生硬，到末尾突然挑起，「者」甚至出現病筆，收筆倉促，力不到位導致筆劃形態左下方缺一塊，還有如「使、廉、者、丈、九」。顯然不及漢隸之神完氣足。其通篇左向鉤挑大多都有此弊，體現出對隸法駕馭能力有欠缺。對比漢隸《曹全碑》（圖 4.21）相同筆劃之到位即可看出這一點。

圖 4.21　漢《曹全碑》（局部）

　　此外，雖然一些筆劃雄厚壯粗，但其中卻夾雜著不少極為軟弱纖弱的「怯」筆。比如「之」，「是」，撇畫輕軟。有時中段突然細瘦下來，比如「工」，中段提起變細，彎曲出軟弱的波浪線，筆劃整體呈現出的流滑、纖細，成為典型的「中怯」。

　　還有一些細得不成比例的豎畫「倍」「使」。而這些細筆道與《石門頌》《楊淮表紀》那種圓渾精勁的細筆完全不同，漢刻雖然細但筆道間流動的力感勢

不可擋，縱逸瀟灑、氣象開張、縱橫捭闔。晏袤隸書細得突兀而無力。比如「安」下面「女」部件的撇折、撇兩筆，均呈兩頭尖中間粗的彎弧狀，軟弱無力。因此整體雖字大筆道粗壯，筆力卻時有不足。氣象與勢力反遠弱於筆細、字小的《石門頌》《楊淮表紀》等漢隸石刻。

其二是扭捏矯飾過甚、結體偏方，重心偏上，氣息不古。

晏袤隸書的波磔雖沒有唐代隸書那麼扭捏。但依然存在形式上的過重的程式化、裝飾化傾向，尤其是雁尾部分形態分張矯飾，刻意的波磔翻挑。過於拘泥於隸書之形，以強化尾部華飾和頭尾中部提按來彰顯隸書體徵，雁尾誇張而肥厚，中段則模擬波磔形成波浪形扭曲，導致筆道顯得流滑，全無澀感與阻力。生硬挑起的雁尾，造作痕跡更重。還加入了漢隸甚至唐隸中沒有的新型扭捏動作，比如「一」「歲」，雁尾不是向右上揚去，反而在末尾有迴環往左上方後縮之勢。如「堰」「西」「助」「辰」末尾，全無漢隸的舒展、自由，如此將本來已施展發揚的勢力回收、氣息內縮，顯得造作。

此外，通篇結構比例導致的形態氣息「輕浮」，其結體整體雖扁，但「比例」與漢隸有差異。一般來說漢隸重心略低，上面部分略重，形成對下面部分的視覺壓力，使得整體有下壓的沉實感。而晏袤的隸書整體重心較漢隸略偏高，上輕下重的比例，失卻了沉實之感。對比一下，比如「常」，《乙瑛碑》（圖 4.23）中的「常」字，上面的「小」比例較大，下面的「巾」豎畫腿較短。晏袤《山河堰落成記》的「常」字中「小」部分顯然收縮，而下面部分「巾」顯長，導致重心移到了上面，同樣，「森」「宗」「渠」也是此理，下部都顯得偏長，豎畫上面部出頭均短。因此雖然字大，卻沒有威壓之感，重心的上移，導致其失卻漢隸雍容樸茂、「崇臺重宇」般的沉著氣息，變得輕浮不古。

圖 4.22 漢《乙瑛碑》（局部）

其三是嚴重程式化的理性精神

通篇筆法處理雷同，相同筆劃一成不變，尤其是波磔之法，但凡能用上波磔之處都不假思索的一律使用。這一點與唐代隸書《石臺孝經》等如出一轍。第五行「六凡九百三十五」，連續七個字皆是相同的雁尾波磔，其右邊列也是連續六個「貳辰徠工徒堰」，左列再連續八個「丈體渠百一十丈木」，每列皆是如此，一眼望去通篇波磔幾乎全部是以一樣的誇張頻率，統一上揚角度。呈現出一種不變的、規律性的、乃至程式化的線條運動感，這種對波磔的重複、雷同使用顯然是一種思維定式，似乎將每一筆都以嚴格理性加以控制與框束，接連發出的過於規整的形狀的雁尾，也讓觀者視覺隨機械重複角度而產生嚴重審美疲勞，非但不能達到飛揚飄逸之初衷，反使得通篇形成了一種程式化的定勢。程式化的波磔。而再加上通篇分行布白方面整齊劃一、大小一律、起伏平均，更缺乏節奏變化，與漢隸飛揚、開張相比，顯示出一種格外規正嚴謹的理性。正因太過理性也失去了漢隸的縱逸精神。

與之相比，其餘兩方字形較小的隸書石刻，即晏袤《釋潘宗伯、韓仲元造橋閣、李苞通閣道題記》及《釋鄐君開通褒斜道摩崖》，雖然漫漶殊甚，但隱約可見其波磔不顯，結體方嚴，比起《山河堰落成記》的大字力作，反倒顯得筆力沉厚、氣息古雅一些。

整體而言，晏袤隸書雖然具有十分典型的隸書之形，然而其情性束縛，正襟危坐，充斥著一絲不苟的理性精神和程式化傾向，失卻了隸書最重要的解散篆書的飛動精神特質。隸書精神飛動，絕非「整齊劃一」，一旦如此，則落入了僵化的窠臼，藝術氣質大大減弱也是必然。

因此，南宋晏袤的隸書雖比起唐代隸書純正些許，尚有漢隸遺意，然仍存隸法不純、纖弱生硬，矯飾程式化之弊，整體氣息難及漢隸高古氣象。其經典性比起《大開通》之古意盎然、《石門頌》等漢隸之瀟灑縱逸的格調有差距。但在隸書式微的宋代，較之同時代的低迷，亦可算是獨秀當時的佼佼者。稱「宋人隸書當以晏袤為第一」不虛，其上承漢隸，也為後來清代的復興做了鋪墊。

二、有關「袞雪」榜書為晏袤所書的推測與筆跡分析

石門漢隸中，傳為魏武曹操所書的大字榜書「袞雪」，「袞雪」榜書因各種原因被傳為曹操所書，亦有不少人提出異議，或從歷史角度加以考證以為

此事有詐。眾所周知，文人宦遊、留題山河的風氣是從宋代開始大興於世的，而宋代之前較少，無論從時代風氣而言，還是宋代人的實際記錄，基本不可能是魏王所書，這一點第三章已有論及，不復贅述，但關於眞正書者，具體何人無從考證。筆者以爲就筆跡而言，其筆跡不古，不像三國時代手筆，爲宋人所書，經觀察發現「袞雪」二字和晏袤《山河堰落成記》筆跡有著相當大的相似度。與晏袤書寫習慣幾乎相同，故而大膽猜測是晏袤所書。因此將「袞雪」筆跡與晏袤書作進行對比分析論述。（見圖4.23）

在晏袤存世的三方石刻中，由於《山河堰落成記》字徑較大，和「袞雪」的大字榜書的書寫方法更爲相近，且《山河堰》保存得十分完好，更爲貼近書寫原貌。因此就將其筆劃書寫方式、結構方式和「袞雪」做一比對。

首先比對筆劃特質，細微的書寫習慣特徵和《山河堰落成記》如出一轍，山河堰落成記保留隸法但細微處又精神不足，「袞雪」也是如此，其大字筆道圓渾，「雪」字寶蓋頭轉折處、下面部件轉折處均是隸法接搭，沒有用楷法轉折，但是豎的走勢卻略微向內縮，尤其是下面部件，轉折處形成銳角夾角。橫畫向內弧，同理還有提法，「辰」之提法向左歪倒，無法「撐住」。比起漢隸較爲氣息顯得收縮而靡弱。

其二是病筆，撇法之虛弱，「袞」字撇法左下缺角情況也與《山河堰》之病筆頗爲類似，《山河堰》大量存在著撇法不到位左下角無力之病。而「袞雪」中唯一一筆撇法同樣存在這種問題，末尾生硬缺一角。因此雖有隸法卻並不純粹。

其三是結構方式，「袞雪」二字同樣存在《山河堰》重心偏高的特點。「雪」下部件偏長，寶蓋頭扁。下部舒展重心上移顯得飄忽，因此同樣氣息不古。

其四比對最具特徵的程式化隸書波磔之法，和《山河堰》裏波磔亦如出一轍。尤其是「袞」的捺畫運動的軌跡，波磔末尾的迴環趨勢，相同角度幾乎可重合，運動勢力和方向非常相似，見「堰」「助」「辰」波磔的末尾。《山河堰落成記》最突出的特徵是波磔如出一轍的程式化，而且晏袤的隸書波磔與其他程式化波磔相比，有個具有鮮明特徵的動作，即通體流滑無圭角，末尾出鋒不像一般隸書向右上方出鋒，而多會略向左上迴環，比一般隸書波磔更爲扭捏的同時，也極具個人特色。

因此，「袞雪」二字筆劃轉折等細微處流露出的書寫習慣、筆跡運動趨勢、個人特質、乃至病筆等都與晏袤的《山河堰落成記》特徵幾近吻合。

　　另外，以宋代隸書發展狀況和晏袤本人的活動經歷及其對歷史研究的興趣綜合來看，晏袤書寫的可能性也很大。由於宋代隸書發展低迷，擅長寫隸書的人本身就非常之少，「袞雪」二大字書寫是需要有一定隸書功力的，而南宋擅寫隸書而且在漢中石門石刻附近頻繁活動的書法家只有晏袤。晏袤身爲褒城縣令，主持山河堰修建工程，不僅多次親自到石門地區，還屢對石門古刻的文字進行考釋並留下多方石刻，從其對石門中《李苞通閣道題記》的考釋中看出，他對三國歷史的興趣和瞭解，其在流連山河之時，見褒河雪浪一時興起，擬古人之意作書以點綴山河，是大有可能的。故，無論從筆跡分析，還是時代風氣考量，還是晏袤本人生前活動來看，「袞雪」爲晏袤所書的可能性最大。

圖 4.23　《山河堰》晏袤書與「魏王」書「袞雪」筆調比較

比較	石刻圖例
魏王袞雪	
山河堰晏袤書寶蓋捺畫撇畫	 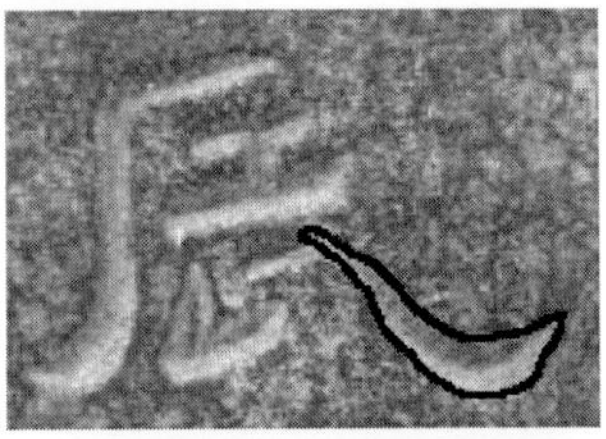  

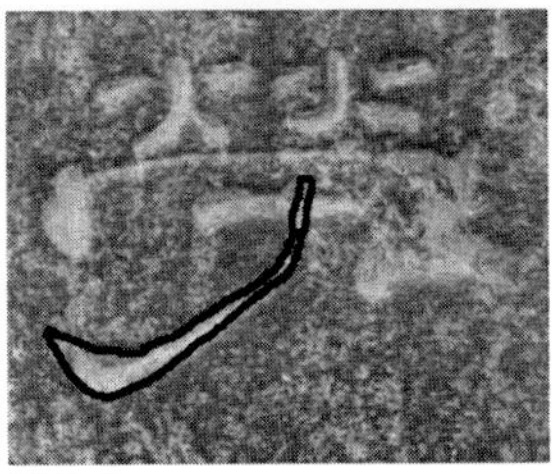

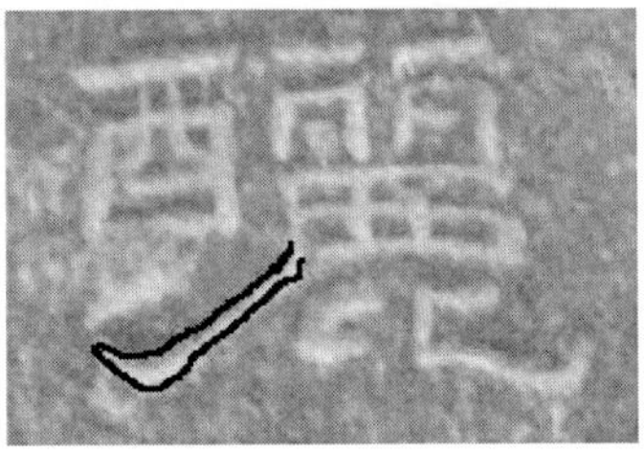

三、有關宋代石門其他題名隸書及其他字體風貌

以上探尋的是宋代石門相對最爲著名的書法家晏袤的隸書風格。而除此之外，宋代石門石刻還有數目相當可觀的遊覽題名，未在書法史上留名，有關其書風，歷代研究石門書法者向無關注，認爲這些題刻多注重記事留念，書寫草草不工，書法價值幾不足論。然而筆者認爲，雖然這些題刻在書法經典度上有限，但考量此大量留存的石刻，南宋文人官員遊堰紀念題名居多，無論是選址還是書寫均有一定講究，亦可反映宋代文人普遍的石刻書法水準，因此亦有必要將其風格作一探究。

宋時石刻題名，多爲南宋宦遊文人入石門景區攬勝之餘留存，反觀書法史，宋代宋四家之引領，爲行草書的天下，以石刻爲載體，用刀重現書跡的方式，自然不及尺牘能夠纖毫畢現地表現行草書之情性。因此，宋代以尺牘爲載體的行草書獨領風騷，而石刻發展相對蕭條。與此同時，石門地區石刻發展卻相當活躍，究其原因，是由於宋時文人樂於遊覽石門，以崖壁爲載體刻石留念成風，才留下數目可觀的石刻原貌，文人在題壁書寫時，多親自撰文，並多選用適合石刻表達的字體——隸書和楷書，而流行兩宋的行草書，在石門石刻中極少呈現。宋代石門書法形態如何，見下分析。（圖4.25）

其一，有意向古體隸書靠攏，然佳作尚缺。

石門宋刻除晏袤隸書略有所成外，其餘許多隸書題刻，或略摻雜古隸之意，或爲帶有楷書之形的隸書，重刻的「玉盆」、《李炳文、范季何等題名》《趙彥吶寶慶題名》《劉參等南宋嘉定題名》《王士外等北宋崇寧題名》等等，由此可見，雖然當時帖學一統天下，石刻隸書之寥落，但石門地區局域內隸書的風氣還比較濃烈。

綜觀石門隸書題刻，整體水準尚顯低迷，雖然這些文人醉心於古文字，並能模擬書寫，但法度的缺失是普遍現象，有的甚至是以典型的楷法書寫隸書，由於其平日書寫既不常用隸書，對隸法亦沒有太深的研究與掌握，所作之書難以掩飾隸書之法的生疏或不純粹。

《石門石刻大全》斷爲隸書的《李崟魏拱之題名》《李炳文、范季何等題名》《趙彥吶寶慶題名》《劉參等南宋嘉定題名》《王士外等北宋崇寧題名》等題刻，大多難以稱爲純正隸書，筆者以爲將其稱爲「楷隸」更爲妥當。如《趙彥吶寶慶題名》除了在筆劃中夾雜幾個波磔之外，其餘轉折處均爲楷法，基本無隸法可言，間架長方，古意也缺失。《劉參等南宋嘉定題名》結體雖略扁

尚帶隸書之形，然而筆劃組結鬆散，波磔亦不顯，全無隸法之嚴密。整體風格自由而散漫，體勢更加類似於北朝後期的「楷隸」風貌。從筆法到結構再到體勢，無處不流露出根深蒂固的日常書寫習慣的楷法與楷形。

因此，就整體而言，這些題刻與古體隸書「崇臺重宇」神情懸隔。其對隸書古體的追擬，基本屬於「畫形」，表面摻入隸書之波磔來「擬古」之形，而無隸書之法度、神韻與古意。雖然石刻數目眾多，卻因純正的隸法的遠離，難以入藝術之流。宋石門石刻隸書普遍水準偏低，才反襯出隸書水準稍佳的晏袤成為宋代隸書書壇「第一」的地位。

其二，楷書石刻甚為流行，大體風格可分為三類。

一是典雅自然。以南宋淳熙年間的兩方《文岡等南宋淳熙題名》《張伯山等南宋淳熙題名》為代表，此類風格數目較少，結構清秀，筆劃明晰，不論是《賈公直等北宋紹聖題名》體態略扁，還是《曹濟之題名》體勢清瘦縱長，皆具文人氣質，而章法方面因為是題刻山河，因此並不像立碑一樣嚴肅，亦少有束縛，多呈現自由平和，縱有行橫無列，秀氣典雅的書寫風格。

二是急就類型，筆劃粗疏草率，亦無章法。如《郭仲辰南宋嘉定題名》、慶元年間兩方《王還嗣南宋慶元題名》《趙公茂慶元題名》皆為草率急就之作，其特點為字間擠挨，結構鬆散，刻法也顯得粗疏，筆劃破碎不成形。《康衢等南宋慶元題名》《劉參等南宋嘉定題名》由於空間狹小，相互擠挨、互相插入，刻工也粗製濫造，大多漫漶不清。

三是潑辣大膽類型，其受行書影響較大，有解散楷法的自由性。以《安丙遊石門題詩》《章卲等南宋慶元題名》為代表。石門宋代題刻中雖然少有行書，但時有行書筆意滲入楷書的書寫中，使楷書筆劃存有筆斷意連，自然流動的筆意。《安丙遊石門題詩》之書體，潑辣浪漫，起承轉合多有行書筆致。《郭公緒等南宋嘉定題名》也是如此，體現宋代楷書不像唐楷那般法度森嚴，多有活潑與靈動的特點。而《章卲等南宋慶元題名》則體現出更為明顯的張揚精神，結構寬舒擴展，伸展的筆劃如同長槍大戟，同時，筆劃之間連帶明顯，頗有黃庭堅《松風閣詩》之風。亦可窺見宋四家風靡北宋書壇，南宋石刻也或多或少受行草自由流淌書風的影響。

整體看來，宋石門題刻數量雖多，但由於題刻者一方面不經常書寫碑版，石刻形式已與日常書寫遠離，另一方面，古體字筆法亦不熟練，題刻難免生硬，無論是書寫還是刊刻都與石刻鼎盛的漢、魏、唐不可比擬，其篇幅既小，

刻法又粗疏，書風也無突出特點。因此其藝術性較一碑一奇的漢隸、異彩紛呈的唐楷來說，都乏善可陳，而比起同時代具有新銳尚意書風的行草書，藝術性亦顯得滯後，自然在書法史上聲名不彰。

綜上，晏袤的隸書，以及同期呈現的大量題名題刻，從一個側面折射出宋代石門地區書法和宋代書壇的整體情況。

其一，石門書風區域傳承性，形成以隸書逆時代的興盛。宋時石門地區不論是文人還是官員，遊覽石門古石刻遺跡，多有懷古敬仰的觀摩之心，並持有訪碑學習、借鑒之意。代表者晏袤，其對古刻《大開通》《潘韓造橋閣、李苞通閣道題記》漢隸之考釋與借鑒，執著與踐行自不必言，而其餘大量題名中呈現多摻雜隸味、向古體隸書靠攏的趨勢，足見隸書在石門地區的受眾程度頗高，亦說明石門隸書的興盛與廣爲流傳，已不是晏袤個人行爲，而是石門區域一個群體具有延續性的普遍風氣。在宋代石刻隸書整體低迷的情況下，石門內外宋代隸書題刻依然風行，且不乏獨秀於時代的上乘之作，隸書的熱度似乎勝於慣常使用的楷書，成了宋代石門區域中追尋古意，逆時代、傳承經典的主體，這是極爲難能可貴的。而晏袤其書獨秀於式微的宋代隸書之書壇，成了帖學大盛時代學隸書碑刻的最強音，亦成爲書法史發展的一個不可或缺的重要環節，晏袤的隸書，雖未能成爲書法藝術上一流經典，但對後代隸書的繼承與發展起了重要的鋪墊作用，其意義不容忽視。

其二，宋代尚意書風大勢下，石門隸書難逃時代頹勢，整體水平低迷。

引領宋代書壇的是尚意書風，以行草尺牘見長。書壇旗幟性人物宋四家，其書法主要成就均在行草，而不在楷、隸。行草書合適的載體爲尺牘，石刻難以表現其輕靈筆致，因此，宋代以石刻爲載體的書法，其整體水準處於低谷。在石刻寥落，古體衰微的大背景下，石門局域雖然石刻盛行，隸書古體亦有所復興，但其無論是隸書還是楷書，藝術水準難逃時代頹勢的影響。而就實際情況來看，宋代隸、楷相對於漢隸與魏楷顯得平庸。即便代表宋隸最高水準的晏袤之書，亦缺乏漢隸之高古，其他石刻書作更難逃時人習古體隸書以楷法作隸的習氣，古法不純，亦無新意。至於楷書，風格雖顯多樣，但特點並不鮮明。故石門石刻宋代隸與楷，數目眾多卻無精品，比起宋時清新尚意成就輝煌的行草書，更顯無色。不過，其也反映了宋四家引領下的南宋書壇，行草尺牘盛行，石刻式微，隸、楷低迷的普遍現象，這在書法史研究中具有參照意義。

圖 4.24　宋代石門隸、楷題刻風格各異

隸書	晏袤《山河堰落成記》 		
	《李峯魏拱之題名》		《李炳文、范季何等題名》 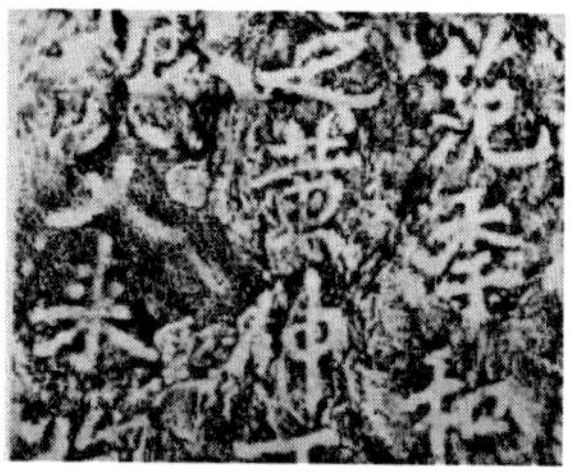
楷書	《文岡等南宋淳熙題名》	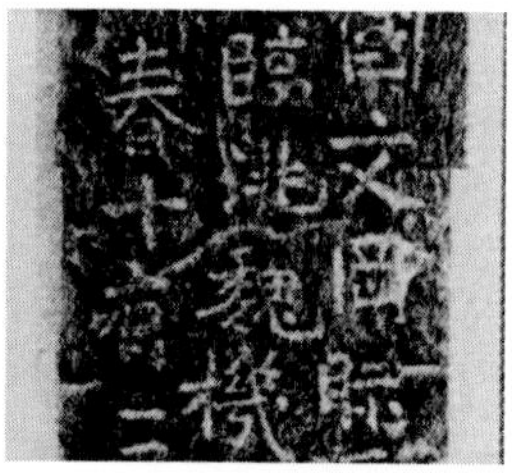	《張伯山等南宋淳熙題名》 
	《郭仲辰南宋嘉定題名》		《趙公茂慶元題名》 
	《章邵等南宋慶元題名》		安丙遊石門題詩 

第五節　碑學視野下的清代石門書風

　　清代亦是石門書法繼南宋之後的又一興盛期，石刻計七十三品（含民國）。在碑學書風籠罩之下，清代在碑學書風籠罩之下，石門石刻諸體皆備，尤以隸書的復興為重，然書名不彰，而與此同時，石門漢魏石刻卻在碑學家全新闡釋下，從金石學研究進入書法視野，並被書學者競相仿學，成為書法史著名的經典範本。這種兩極分化之因值得探究。

一、石門故地的清代隸書復興

　　清代石門隸書石刻數目不少，與宋相當。但與宋代不相同的是兩個時代的書法史背景有異，眾所周知，碑學一統天下就從復興篆隸開始。清代碑學大盛，篆隸書隨之復興，鄭燮、金農、鄭簠、朱彝尊、鄧石如、伊秉綬等一批隸書名家湧現。同樣在碑學大盛，篆隸復興背景下，石門漢隸面目與數目均呈現出新氣象。首先反映在石門隸書的數量上，清代石門石刻約有六十品左右，隸書占其十三品，為數雖非最多，但比起元明兩代僅一方，顯然是一個飛躍。清代石門隸書代表人物首推羅秀書。羅秀書字西屏，其人為同治年間褒城縣學署司訓，精研石門石刻，編纂有《褒谷古蹟輯略》一書。其與南宋石門隸書代表人物晏袤相類似，均有多方石碑問世，一人獨刻四品，約占清代石門隸書三分之一的分量。分別為：《諸葛亮八陣圖註說》（咸豐八年 1858年）、《遊石門題詩》（同治十年 1871 年）、《石門道記》（同治十年 1871 年）、《祈雨記》（同治十一年 1872 年）。

　　有關其隸書書風，可以用工穩端莊，漢隸遺風來形容。

　　這幾方碑刻字數篇幅之長、字數之多，在歷代石門石刻中是絕無僅有的。《諸葛亮八陣圖注說》共有八面，每面皆四行字，共七百六十八字；《石門道記》共有六百三十七字；《遊石門題詩》與《祈雨記》二百三十二字；總共有一千六百三十七字，如此鴻篇巨製，全部用隸書書寫，可見其功底。

　　可以看出通篇具有較為純正的漢隸之法，古風甚濃，《諸葛亮八陣圖注說》和《石門道記》書風類似《曹全碑》翩翩逸秀，清新醇雅。筆劃細而舒展，體態橫扁，波磔自然飄逸，不再如唐代、宋代隸書一樣扭捏作態。轉折處隸法相當到位，無清代之前慣有的「楷法作隸」之弊病，也極少有病筆和流滑靡弱氣息，可見其隸法圓熟。同時，也可看出其對純正石門漢隸《石門頌》等書風的就近取法，羅秀書為編纂《褒谷古蹟輯略》曾流連石門洞數月，日

夜觀古代碑刻，對古刻相當熟識，這在《遊石門題詩》《祈雨記摩崖》這兩方石刻中有相當明顯的體現，這兩方石刻的筆劃均屬於石門漢隸典型細線條，「澤」「通」「褒」「天」等字的結構方式，和《石門頌》《楊淮表》中相同的字有著極大的相似度。顯然受了石門漢隸之濡染，在其書作中自然顯露。

縱觀其四方石刻，雖挑不出大毛病，然而過於工穩，也有通篇無起伏、狀如算子之弊，通過這幾篇，可以看出其書雖取法於《石門頌》《楊淮表》《曹全碑》，筆劃一樣屬於細筆道，結構也頗為類似，但卻無石門漢隸自由飛動的精神，筆劃細而平勻、整條粗細幾乎一致，加上章法行列對齊，排布極為整飭，通篇雖字字清秀，筆筆工穩，但筆速和形態少起伏變化，而是以平均律勻速行進，任何時候相同筆劃都以完全相同的處理方式，相同字也處理成一模一樣，幾乎可以重合，缺乏筆致的靈動性和整體節奏感。尤其兩方大篇幅的隸書《石門道記》與《八陣圖注說》其風格近乎一模一樣，顯得太過於「平穩」，成為隸書中的「館閣體」。也失去了隸書的骨血豐滿、放縱飛動的精神。

此外，羅秀書之隸書，「傳承」多而「出新」少，很顯然取法自純正漢隸《曹全碑》《石門頌》等，但呈現出的也盡是漢隸面目，然而比起古代漢隸，卻又有所不如，更遑論成自家新風。比起同時代的隸書大家亦有所不足，如清代鄧石如、何紹基、趙之謙、楊守敬、吳昌碩、伊炳綬等，無一不是藝術個性極端鮮明，由繼承而出新，各具審美特色而屹立於清代隸書之林。比起鄧石如之沉厚古雅、酣暢淋漓；陳鴻壽之率真灑落、簡淡閒遠；何紹基之凝重含斂、氣定神凝；伊炳綬之寬厚偉岸、靜穆深沉；吳昌碩之圓渾潑辣、蒼健質樸，羅秀書的隸書藝術感染力有所缺乏，因此雖然隸法純熟，卻不能獨秀於世，成為一脈之宗。

清代，除羅秀書個人的隸書四品外，其餘五品隸書也各有風格，康熙三年（1664 年）黨崇雅《賈大司馬撫秦修棧詠》，屬清代早期隸書之作，當時碑學還未大興，因此其雖書隸體，但筆中楷法依然甚為明顯。道光二十三年（1843 年）沈寶錕、楊翰所作之《祈晴記》，隸意較濃，且筆道相當厚重，但就整體而言，還是略顯勻一和板滯。咸豐六年（1856 年）陳璸榜書「無遠弗被」四字，結構緻密，勢大力沉。還有一處在白石土地祠的題聯，隸法也有可觀之處，但比羅秀書的隸書還稍顯遜色。

羅秀書這幾方石門長篇巨製，在清代篆隸復興之時卻未能入經典之流，

雖然清代石門隸書普遍比宋代隸書式微時代的「楷法作隸」要強許多,具有相當純正的隸書法度。但從客觀來說,比起同時代隸書復興中堅力量還是有不小的差距,藝術感染力和創新性皆有不及。

清代中後期石門故地以羅秀書為主力湧現的較多隸書刻石,折射出當時書壇碑學之風漸趨興盛、古體隸書復興之動向。相比晏袤獨秀於宋代隸書,羅秀書在清代書壇並非一流書家,就有這樣的隸書書法水準,可見清代碑學復興隸書之風行下,隸書普遍水平之高。如果宋代石門石刻的意義是體現帖學大盛時代碑刻隸書最強音,那麼清代石門隸書的意義則反映了碑學一統天下隸書復興背景下碑刻普遍不凡的水準。

自漢代以後,隸書便成為「古體」退出了日常書寫舞臺,但在石門故地,歷代摩崖隸書卻始終不絕,無論是興盛的漢代、式微的宋代,還是復興的清代,始終經久不衰,不能不令人歎服石門區域的傳承魅力。

二、帖學籠罩 諸體皆備

石門清代書法風貌可以時間劃分為相當明顯的兩個階段,以道光年間碑學大盛為界。在碑學興盛之前,石門故地諸體皆備,尤其以行書、楷書為主。清代書壇尊帖成風,行書以二王為代表的帖學書法,取法刻帖,發展走向靡弱和雷同,而楷書則盛行工穩端正、千人一面的「館閣體」。石門這些刻石非常典型的反應了清代前期帖學書法一統天下之特點。

首先是行書方面的帖學風貌,典型代表有康熙年間的《棧道雜詩》,為當時汪灝所書,其人為康熙年間進士,官至內閣學士、禮部侍郎,此刻作於其入蜀主持科舉考試之時,共刻三碑。觀此碑書體,顯然來自於純正二王一路,《聖教序》之風,筆力遒勁,結構清秀,其對二王一路刻帖有相當深厚的取法,然而通篇大小一致,略顯生硬。王豫嘉《棧道歌》書刻於清代早期的康熙年間,依舊是一派帖學風貌,書體緊縮而瘦弱。正如阮元所言,元、明以來書家皆為閣帖所蔽,各種刻帖輾轉翻摹,筆法全失,嚴重影響取法。而皇族成員康熙帝第七子愛新覺羅允禮所書《果親王題詩》,行書則更是靡弱,不時出現的柔軟姿媚的弧度、轉折處扭捏的提按頓挫,纖細飄忽的遊絲,氣息綿軟而無風骨,帖學發展之頹可窺一斑。

其次,楷書則是清代典型館閣體的端莊工穩面目,如梁清寬《棧道歌》楷書,一筆不苟,結構嚴謹,清秀端莊,近於柳體。其餘還有幾方,如《天

心橋記》《濮少霞修棧道碑》、乾隆年間《關帝廟碑記》，也全然是清秀工穩端正的書體。在這些楷書中，看不到任何新意，幾乎達到千碑一面的地步，法則完備到極致，已經走向停滯和僵化。

　　總體而言，這些石刻囿於清初書壇帖學時代大勢之中，在書法史上受冷落，無論是千篇一律，無新意與生命力的楷書，還是取法閣帖靡弱僵化的行書，均可窺視帖學發展之窮途與碑學家「矯枉」與突破之必要性。法度上的無可突破，視覺上對清秀端莊一路書風審美疲勞，皆昭示帖學發展已遇遭到瓶頸，書壇正醞釀著求新求變的訴求，亟待新鮮血液的補充，清代後期復古取法古體篆隸、魏楷，書論家高舉碑學大旗，以崇北碑、尚雄強之審美理念，進行一場書壇大革命，勢在必行。

圖 4.25　清代帖學籠罩諸體皆備

隸書	羅秀書《遊石門題詩》	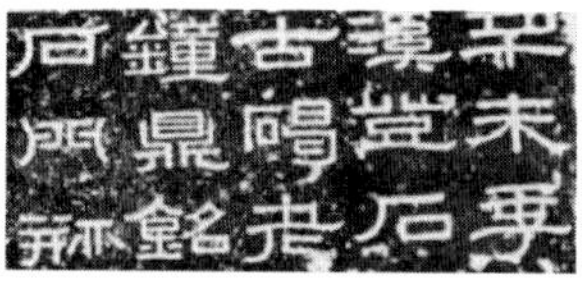	楊翰《祈晴記》	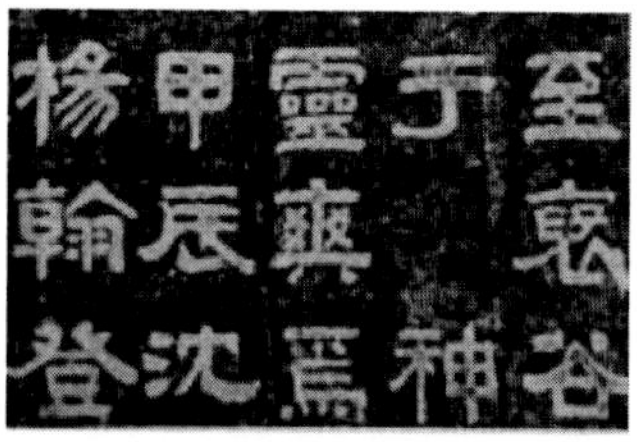
行書	汪灝《棧道雜詩》	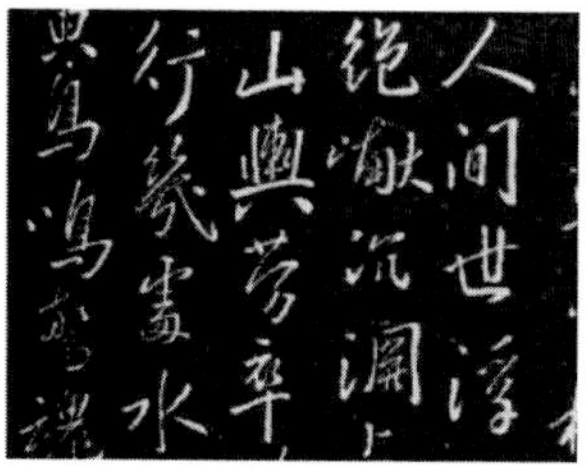	《果親王題詩》	
楷書	梁清寬《棧道歌》	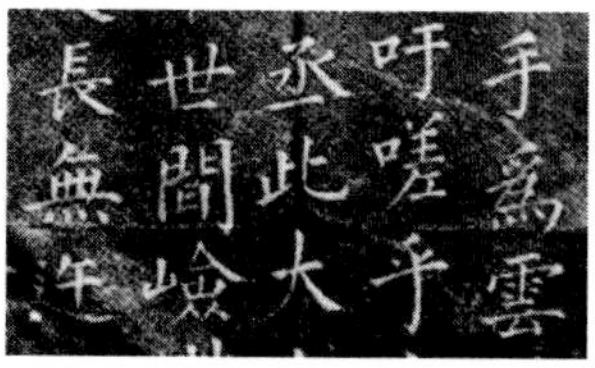	《濮少霞修棧道碑》	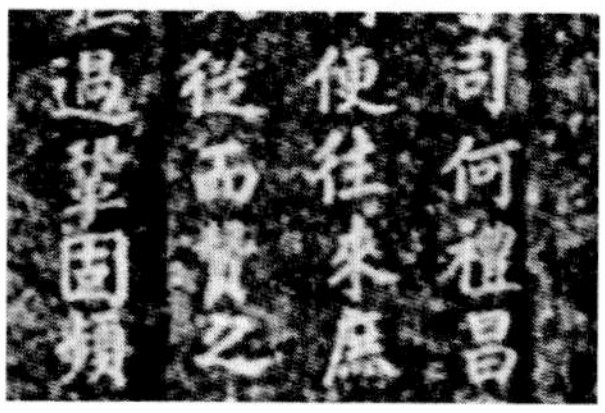

第六節　清代碑學對石門漢魏書法「經典化」闡釋

　　清代石門書刻眾多卻無人關注，與此窘境截然相反的是：石門漢魏碑刻的風靡於世。在清代碑學家的視野中，《大開通》《石門頌》《石門銘》，成了源時代漢、魏的代表，在碑學熱潮下，石門名碑成為碑學家學書取法必不可少的範本。甚至被列為「神品」，幾乎達到不可言說的玄妙之境。

　　我們知道，對石門漢魏石刻的關注並不是從清代才開始，第二章已論及，早在宋代金石學興盛風潮中，就出現了對石門拓片收藏的熱潮，宋代以來金石學家歐陽修、趙明誠的著錄對石刻拓片也有所關注，但是，這些石門漢魏石刻一直是作為金石學研究的資料，並未成為書法取法的範本。就算對其藝術美有所認識（比如晏袤），也未能真正學到其法之堂奧。只是到了清代，在碑學背景下，出現了除「金石學」價值之外，純粹的書法藝術價值本身的肯定和讚美，並予以充分的挖掘，同時還出現取法於石門石刻的書法家康有為、于右任等，這些是前代所未有的。

　　也就是說，石門漢魏石刻雖長久被金石學家所關注，但只有在清代碑學視野裏，才真正獲得書法藝術的經典化殊譽。那麼，為什麼被關注已久，卻獨在碑學體系中被奉為經典？另外，宋、清同為金石學盛行的時代，漢魏石刻在宋、清其書法地位差別甚大。我以為，這與清代碑學理論家在新審美需求下對古石刻形式美的重新闡釋，以及碑學書家在書法實踐中求古創新的追求等因素密不可分。

　　其一，清代對石門漢魏石刻「形式」美感的重新闡釋

　　面對相同書刻形式，不同時代心理需求和審美取向有所差異，造成了對其關注點和闡釋的不同。宋代文人好古，石門題刻曾多次提及宋人進入石門「觀古翰」，書家晏袤見《大開通》及《潘韓造橋閣》《李苞通閣道》等碑刻，記評洋洋灑灑數百字，以文字考釋著錄為主，兼考歷史，對書法審美僅廖廖幾字順帶而過；歐陽修《集古錄跋尾》亦錄《石門頌》之文，論其「『刻畫尚完可讀』『用字簡省』『復多舛繆』」〔註23〕，注重的是文字學考釋、筆劃完好否、書寫正確否，少有提及「書法之美」。為什麼宋文人對石門石刻「書法」這一維度的美感價值視而不見？究其原因，與宋代生活、文化氛圍與宋人審美趨向有關。宋代尚意，文人注重用筆墨去抒發情感、張揚個性，普遍師法

〔註23〕歐陽修，集古錄跋尾〔M〕，北京：人民美術出版社，2010.43。

晉二王和唐顏、楊之行草風韻。士大夫生活優渥閒適，審美主流趨於自然、暢適和溫雅。北碑偏於拙野的審美趣味不被宋人所熱衷，甚至被歸爲「差劣」之列。歐陽修在《後魏神龜造碑記》中提到「余所集錄自隋以前碑誌，皆未嘗輒棄者，以其時有所取於其間也。然患其文辭鄙淺，又多言浮屠，然獨其字畫往往工妙。惟後魏、北齊差劣，而又字法多異……」在《永樂十六角題名》認爲東魏、北齊「字畫頗怪而不精」〔註24〕，「差劣」「怪而不精」就是歐陽修對部分北碑的品評。南宋書家趙孟堅對北朝碑刻亦有評價：「晉、宋而下，分而南北……北方多樸，有隸體，無晉逸雅，謂之『氈裘氣』」〔註25〕，認爲魏碑體筆劃粗率俚俗，不及晉唐之雅美精工。諸如龍門造像之類，充滿「氈裘氣」，十分形象的概括了宋人的普遍審美傾向：對晉唐淡雅清新書風的推崇，對北碑的輕視。由此可知，北碑樸厚、剛健之美在宋代未獲得審美價值的發覺，即便是帶有野味卻不乏精緻、圓融、典雅的《石門銘》，亦在宋人審美視野之外。

其二，時移世易，清代碑學家面對相同「形式」的石門漢魏石刻，以前所未有的眼光，重新審視並闡釋了石門石刻書法之美。

由於清代前期書壇彌漫著甜熟、僵化的習氣，格局日趨靡弱。《閣帖》屢經翻刻離眞容越來越遠，精美雅秀的趙、董書風被眾書者競相傚仿，走向雷同、衰微。書體的清秀、流美、端莊等向度已成爲令人疲勞的審美取向，清代書壇亟待「換血」，另闢蹊徑，脫出這種頹靡陳腐之氣息和千人一面「館閣」之束縛，尋求一種迥異的書體形式風格，以承載內心對於新意、骨血、強悍的審美追求。因此，難入宋人法眼的北碑「奇怪之態」和「氈裘氣」，正是清代所需的新鮮血液，對其書法美感多有關注與生發。從本質上來說，是致力對於石刻形式本身的「精神」之美，進行一種去除背景的重新闡釋。

線條作爲一種視覺形式，其本身具有表情達意功能。作爲書法藝術的語言，一條筆跡是一段含有時間與空間動態的線條運動，留存在線條裏是書者書寫那段時間內動態的情感軌跡。線條的形態、粗細、濃淡等不同，其傳遞的情感信息也不同。就比如需要表達「霸悍」「斬截」「鋒銳」這種審美理念，方整如刀的筆劃形式比起圓滑無圭角的形式，更能夠承載、釋放這種心理訴

〔註24〕歐陽修，集古錄跋尾〔M〕，北京：人民美術出版社，2010.100、102。
〔註25〕趙孟堅，論書法〔M〕//崔爾平選編，歷代書法論文選續編，上海：上海書畫出版社，1993.157。

求。石刻形式本身能喚起的某種通感，具有獨立於背景之外的審美價值，書法線條簡約而抽象，向人們展示的是一種不確定內涵的形式，有著無限的包容性和開放性，給書論家的自由闡釋留下了相當大的空間。面對同樣一種形式，可以有截然不同的闡釋。面對石刻尖銳厚重的形式，在宋代審美體系裏視爲破碎粗俗不入流，茹毛飲血蠻夷不開化的「氈裘氣」而不入法眼，而到清代碑學家眼裏，就可以闡釋出大漠狼煙、金戈鐵馬的豪壯之美，從而成爲取法對象。在碑學大家康有爲視野裏的魏碑：「「一曰魄力雄強，二曰氣象渾穆，三曰筆法跳越，四曰點畫峻厚，五曰意態奇逸，六曰精神飛動，七曰興趣酣足，八曰骨法洞達，九曰結構天成，十曰血肉豐美」。「魏碑無不佳者，雖窮鄉兒女造像，而骨血峻宕，拙厚中皆有異態」〔註26〕簡直十全十美，其實是碑學一派以帶有古拙雄強的形式特質對抗帖學的靡弱流美之風。康有爲所謂「魏碑無不佳者」即從這個意義上而言，反映了碑學對新形式的訴求，因此不計較書寫背景，無論廟堂還是窮鄉兒女造像，但凡能體現碑學家理想中審美的形式，就會被納入碑學書法取法範疇進行闡發。

基於清代碑學視野中審美的整體需求，碑學家們對古石刻形式美多有關注，阮元《北碑南帖論》將碑、帖平分秋色，首先提出北碑書法美的價值，繼而包世臣《藝舟雙楫》對篆隸古法的「中實」「圓滿」等筆法體系進行建構，尤其是康有爲《廣藝舟雙楫》對北碑審美理論高屋建瓴的確立，文中曰：「尊之者，非以其古也：筆劃完好，精神流露，易於臨摹，一也；可以考隸楷之變，二也；可以考後世之源流，三也；唐言結構，宋尚意態，六朝碑各體皆備，四也；筆法舒長刻入，雄奇角出，迎接不暇，實爲唐、宋之所無有，五也。」〔註27〕對北碑推崇至極，大膽地借鑒歷代品碑之經驗，將數以千計的北碑重新整合設立碑品，依次是神、妙、高、精、逸、能，在各碑品中再細分上下品，致使碑品優劣分明，從而建立起新的有秩的審美標準，如對魏楷石刻的品評：將石門摩崖石刻《石門銘》與《爨龍顏碑》《靈廟碑陰》等尊列爲最高等級的神品〔註28〕，尤其將《石門銘》尊爲「飛逸渾穆之宗」，亦成爲

〔註26〕康有爲，廣藝舟雙楫〔M〕//黃簡編輯，歷代書法論文選，上海：上海書畫出版社，1979.826～827。

〔註27〕康有爲，廣藝舟雙楫〔M〕//黃簡編輯，歷代書法論文選，上海：上海書畫出版社，1979.756。

〔註28〕康有爲，廣藝舟雙楫〔M〕//黃簡編輯，歷代書法論文選，上海：上海書畫出版社，1979.829～830。

其日後書風之重要師法來源。

　　碑學家在書論中以富於形象的生動語言描述了石刻的美感，漢隸《石門頌》被楊守敬喻爲「行筆眞如野鶴閒鷗，飄飄欲仙。」〔註29〕，張祖翼跋此碑云：「雄厚奔放之氣」，康有爲評其爲「隸中之草」，魏碑《石門銘》更是神妙不可端倪，彷彿「若瑤島散仙，驂鸞跨鶴」〔註30〕。這類書論所闡述的實際上是一種「通感」，是對石刻喚起心裏最直接的意境描述，用具象的自然物來比喻線條，形象生動貼切，不是將書法形式與自然物象簡單對等，而是將書法形式喚起的印象與自然物本質生命特徵相比擬。這種評判和取法與背景無關，都是基於純粹石刻書法形式。對《石門頌》《石門銘》的「散仙」「鷗鶴」等美感定位，本質上是對石門石刻帶有的古意、野逸、自由爛漫形式的嚮往。

　　其三，清代碑學家不僅對石門石刻之美予以闡釋，更在實踐上致力於用筆去表現這種新納入美學體系的形式美感。

　　宋代文人對於石門書刻的審美似乎少有自覺意識，偶習隸書，然對古碑所見所擬多爲「古文字」之形，並未深究筆中之「法」。就算對其藝術美有所認識，比如晏袤對《大開通》之美評價「書法奇勁，古意有餘」〔註31〕，也未能眞正得其法之堂奧。清代碑學家則不然，他們深入其筆法內部，不斷嘗試，力圖用筆再現石刻之「古形」，增加筆法的豐富和張力。

　　這種追尋和還原，並不是要還原書寫者的筆法，也不一定完全還原古刻「眞實」書丹之狀況，而是以自身對筆法的探索，嘗試著用各種方法使毛筆產生各種運動，去展現書法能喚起美感的形式。在古碑的斑駁中體會天眞、潑辣之美，從樸厚的古器物輪廓裏尋找渾然的金石氣。與古代書法大家從飛鳥驚蛇等自然物生命律動中體悟筆法，同屬於對形式感的闡釋和紬繹。成功的嘗試，便可喚起觀者對形式美感的共鳴，形成一套碑學獨有的新筆法。這種嘗試並不容易，因爲成熟的帖學筆法系統難以表達這種金石氣的潑辣線條，需要不斷摸索與創新，部分碑學書家試圖用抖動的筆法呈現波浪之形去

〔註29〕謝承仁，楊守敬集（第八冊）激素飛清閣平碑記卷一〔M〕，湖北：湖北人民出版社，1997.542。

〔註30〕康有爲，廣藝舟雙楫〔M〕//黃簡編輯，歷代書法論文選，上海：上海書畫出版社，1979.799、832。

〔註31〕謝承仁，楊守敬集（第八冊）激素飛清閣平碑記卷一〔M〕，湖北：湖北人民出版社，1997.540。

表現之，未能奏效；後來者以筆的震顫、衄挫、戰行等運動方式，讓筆墨的邊緣略顯細微毛躁的澀感，以貼近金石氣息。

關於筆法創新更重要在於阮、包、康對北碑源流——篆隸古法的闡釋，明確指明篆隸之法才是筆法的本源，使得北碑古拙雄強的書法之美在「復古」與「創新」共構中發展，極大激發了書家的創作熱情，或將篆隸之筆糅入楷行草，滋生古意；或以碑之樸拙陽剛之筆融入各體，添金石之味。就碑學家康有為的書作而言，對石門魏碑《石門銘》用功尤深，《石門銘》筆法特徵為：弱化兩端、注重中段、減少出尖，呈現一種圓渾而中實的效果，貼近篆隸之間的「古隸」乃至更為高古的「篆籀」之氣息。細觀康有為楷書，其筆勻、豐、圓、鈍，是一種對中實筆法的深入吸收與運用，呈現出古意、蒼茫、勁健之風範。其過人之處還在於將篆隸之古法自然浸淫行書流動之筆墨，結體奇絕，氣派宏大，令人震憾。繼康有為之後的碑學大家于右任，自言「朝臨石門銘，暮寫二十品」，可見對《石門銘》青睞有加，其魏楷《贈大將軍鄒君墓表》六屏煌煌巨製，出《石門銘》等北碑而自有風骨。懸於廳堂行書墨寶「種柳觀生意，栽松養太和」，有機地將碑味融入行草書，收放自如，氣勢宕逸，精氣內含。康有為、于右任等碑學大家均得益於《石門銘》，卻能演化出風格各異的審美形式，其意義已超越了北碑所擁有的美學範疇，為書法技法與風格的多樣化，輸入了新鮮的血液。

綜上所述，石門漢魏石刻在宋、清金石學盛行的語境下都頗受關注，而就其書法藝術價值而言，清較之宋突顯。在宋代只是作為金石考據研究的載體，到了清代碑學家視野裏，生發出對純粹的書法藝術價值的闡釋，使其從金石學研究走向書法經典化，成為書者取法的範本。石門漢魏石刻書法美的價值在清代與宋代的不同境遇，反映出書法美發展的一些規律，其一，「理論」與「實踐」是書法發展的兩個不可偏倚的重要方法，石刻作為客觀存在的美的載體，只有被人們所意識、闡釋，並與審美者產生共鳴，才能得以彰顯。石門石刻正是以清代碑學書論家的筆法本源論、碑之古拙剛勁審美論以及碑學書家實踐中得以演繹光大。其二，書法審美演變史，即是一部各時代審美心態的歷史，書法作為藝術，不論書者如何具有獨立個性，終究不能徹底脫開其所處的社會歷史文化大環境，這種大勢潛移默化地影響著書者的審美眼光和創作需求。宋代文人總體書法環境和生存環境優雅閒適、其在古碑中偶爾審得「工妙」追摩擬形，帶著安逸的閒情和從容遊戲的興致，是在行草書

寫之餘的一種消遣，大多淺嘗輒止，自然不能有顛覆性成就；而清代士人面臨著重重危機，帖學衰微、館閣體奴性氾濫，要尋求個性解放、掙脫種種束縛、對新形式和新法的渴求，帶著不顧一切，尋求出路的迫切感，甚至矯枉過正的大膽銳意精神和對古法精研深入的執著，窮則思變，以雄強、古樸、率眞的書風介入書壇，打破了流美、雷同的帖學一統天下的態勢，終使得碑學獨成體系，在此格局下，石門石刻書法美方能從宋時受冷落至清代得以普遍的認同、賞識，終獲得經典化殊譽。

第七節　石門書史定位與美學價值的當今啓示

一、石門石刻評價的兩極分化與書法史座標縱橫比較

　　石門石刻漢魏、宋、清三個發展高潮時代，唯有漢魏石刻成爲書法史上的經典。而眾多宋清刻石籍籍無名，備受冷遇，即便是在崇尙碑學的清代，對於宋、清刻石的忽略也是顯而易見的，亦有研究者爲宋、清二時代隸書刻石鳴不平，認爲其歷史文化價值同樣很高，字大且多，刊刻精美清晰，保存亦完好。何以歷來無人問津，學習者寥寥。石門石刻三個高潮在書法史上地位及知名度兩極分化，原因何在？究竟是歷代書論者陷入「唯古是從」的盲區，還是石刻本身水平所限？

　　筆者以爲，石刻集文學、文化、藝術於一身，其包含多個層面的價值。以書法文化史觀照，石刻的價值包括兩方面，一是文本史料研究價值；二是書法研究價值。文辭文本中包含著文學價值、史料價值，而在書法文本中，又分爲書法史研究價值和書法藝術價值。這幾個層面的價值相互聯繫卻又各自獨立，不可等同。

　　首先，石刻「文辭文本」的史料價值和「書法文本」的價值是有異的。一方石刻其實包含著兩個文本：其一是可閱讀的文本，即「文辭文本」，另一是可觀賞的文本，即石刻「書法文本」，二者是相互關聯但本質不同的，對一件石刻這兩方面的價值評判應明確區分。

　　文辭文本中，正如第三章所探討的文學價值、史料價值。宋代以來著錄其文辭，可參證彌補史書之缺，勘正史書之謬誤。另外，細讀文辭，可觀文學文體之演變，體味立千秋功業之豪情、遊青綠水之逸情，懷古今生死之深情。而有關此價值我們可以撇開石刻與書體，單憑著錄或鉛字印刷本就能

完全感受到。然歷代鑒賞研究者並不滿足於讀著錄文字,或親臨現場「觀古翰」、或千方百計獲得拓片。其目的是想通過觀賞刻石作品的真實形象,從而感受書法文本之價值。這就是書法藝術文本和文辭文本價值的不同。

在書法研究中,文本文辭不是書家研究價值的主體,石刻的刻痕線條及結體形態的微妙差異才是書法研究的主角。而對於書法價值層面評判,同樣可以脫開文辭內容,進行獨立價值評判。

石門石刻中有的二者兼而有之,即兼具文本價值和書法價值,「文書俱佳」之作,比如《石門銘》《石門頌》等,既是可與正史相參照的重要史料,文辭又精美,書刻亦佳。但由於這兩個價值評判體系不同,同樣存在兩種價值不對等的情況。

《李苞通閣道題記》及宋代眾多題名石刻,均為重要的可彌補史實的資料,或真存三國戰爭史實,或實錄宋人官員正史之外的活動,前者為漢時修通閣道正史的有力佐證,後者可彌補宋代官員宋金對峙局面緊張之餘攬勝活動,通過石門石刻重現歷史場景,史學價值極高,但其書刻之粗疏草率,書法價值有限,多被書法史所忽略。

文辭文本,通過優美詞語的應用、形象的場景描述、繪聲繪色傳達出的趣味,與書法形式中千變萬化的線條、間架、情性所呈現的趣味截然不同,比如,《大開通》作為修路告示,讀文辭內容樸實無華,並無什麼趣味,而其書法文本細勁的線質形態、參差錯落的布局,給人傳導出橫生的奇趣。《石門銘》和《石門頌》,內容為建功立業、歌功頌德,文體是嚴格的頌賦文體。文辭典雅,結體精妙,可稱上乘,而其書法形式亦為上品,給人靈活生動、不拘一格,不食人間煙火,具有神仙氣的超然美感,其可謂文辭文體與書法文體俱佳的典範。還有如清代《八陣圖注說》文辭之神妙莫測、跌宕起伏,《棧道歌》詩意之氣勢磅礴,浪漫豪邁,而其書法形式卻呈現出狀如算子、匀一平板的態勢。

因此,石刻價值包含兩個方面,即文辭文本和書法文本的價值,二者屬於兩個維度的評判。史料和文學價值的評判不能替代書法價值的評判。書法審美實踐當中,蘊含其中的藝術情性、美感價值具有獨立性,並不一定與文章的史學內容、精彩文辭的價值等量掛鉤,石刻文本史料價值之高,並不代表石刻書法價值之高;文風意蘊之美也不等同於書法形式之美;文學傳達之深情也異於書法藝術之情趣。文辭文本當中含有翔實的文史資料價值,對於

不同時代歷史發展各個環節均有相當的重要性，但其不能代替或改變漢魏、宋、清石刻在書法史上地位之高低。

其次，在書法文本層面，對一件石刻價值評判，又分爲書法史研究價值和書法藝術價值兩個方面，這兩方面價值同樣不能劃等號，亦不能互相取代。

書法發展史研究的是各個時代文字演變、書法風貌，集合起來構成整個書法史的完整鏈條。探尋各個時代、各個字體的文字、書風發展情況。研究的範疇，是歷代所有可見的書法資料的集合匯總，相互參照，因此每一件留存的作品，都是珍貴的書法史研究的史料。無論優劣，都反映了時代發展面目，均具有研究價值。因此，就書法史研究的價值而言，無高下之分。也不能忽略任何一個時代環節。

漢魏石刻爲隸書與楷書發展鼎盛時代，書法史發展意義和受重視程度自不必言，宋代、清代大量石門石刻書法，質量雖不能與漢魏媲美，然其有著不可取代的意義，可作爲漢魏、隋唐石刻書法的參照物，從而清晰地窺得漢隸、魏書、唐楷之興盛，其後石刻載體讓位於紙張載體的全程，以及石刻書法發展起伏的眞實動態。宋代書法史中隸書幾近空白，南宋石門隸書石刻，則是宋時隸書發展極其稀有的存證，反映了宋時尺牘盛行，刻石風氣淡去的石刻面目，正可塡補書法史此空缺的一環。清代石門石刻，反映了早期館閣體籠罩的低迷，石刻書風的僵化與頹靡以及碑學興盛篆隸復興風氣下，石刻隸書的活躍所呈現出的普遍較高水準。

大而言之，石門石刻書法的三個集中發展時代，是整個石刻書法史的組成部分，微觀來說，其共同構成完整的石門區域的書法發展史。因此，從這個意義上來說，無論書法價值優劣，各個時代的書風面貌都是不容忽視的，缺一不可。宋代、清代石刻與漢魏石刻具有同等重要的書法史研究價值。這也是歷代被忽略並應當予以重視的一個層面。因此本書關注歷代被忽略的宋代、清代石刻的風貌，正是力圖建構石門石刻形成與發展的完整體系，進一步彌補並完善書法史研究中各時代發展的鏈條。

但另一方面，書法史研究價值不能和風格水平高下劃等號。書法藝術品評中，各個時代的書法藝術水準，必然有著高下之分。古代書論分神妙能、上中下等品。作爲石門石刻三大發展環節之一，宋、清代石刻具有重要的書法史研究意義，但在書法藝術價值方面，則不得不服從優勝劣汰、大浪淘沙的藝術規律。浩如煙海的書作經過歷代篩選，留下的無一不是鳳毛麟角的精

品，而平庸之作的沈寂，也是歷代鑒賞者審美共同選擇下的必然結果。這種選擇結果，是無法以研究價值來干預的，關係到其本身特質是否具有超越時代的創新性與經久不衰的經典性，是將其置於書法史座標系之上，在與同時代書法的橫向比較及歷代書法的縱向觀照中得出的藝術高下評判。

石門宋代晏袤的隸書，在與同時代隸書比較中，可稱爲「宋人第一」，代表著宋代隸書高水準，然而若將宋代隸書置於整個隸書發展史比較，即縱向和漢代、清代隸書的水準相比，其隸法不純、徒具其型，理性有餘，扭捏造作。比起漢隸的蔚爲大觀、清代碑學篆隸復興，宋代隸書整體水準相當低迷。所謂「第一」是相對於宋代隸書字體的整體低迷狀態而言，在書法史上自然難稱經典。同時，南宋石門隸書代表著宋代隸書這一字體的最高水準，但卻不代表宋代書法最高水準。宋隸成就之最比起宋代其他字體如行草書的成就，亦黯然失色。故石門宋代隸書無論在宋代書法史上，還是在隸書發展史上，均稱不上一流作品。

清代碑學背景下，隸書復興，其成就幾可以與漢隸相提並論，藝術性遠比唐、宋代強許多。清代石門隸書處於隸書興盛大環境中，其整體水準比起宋代有了質的飛躍。但是石門刻碑者的藝術造詣若與同時代橫向比較，比起隸書大家的銳意進取、異彩紛呈，就顯得中規中矩，繼承有餘而創新性不足。藝術價值僅處於中游，不能出類拔萃成爲頂級書作，因而被時代一流名家所掩。而其餘石門楷、行諸體由於處於帖學籠罩之下的頹靡之風，更是新興碑學致力於摒棄的陳腐板滯的風格，自然備受忽略而無人問津。

而石門漢隸、魏楷書法，即《石門頌》和《石門銘》等，在書法歷史的品評中脫穎而出。由於漢、魏兩代皆是石刻書法最爲鼎盛的時代，漢隸、魏楷數目之多、質量之精，形成這兩個時代整體石刻大環境的高超水平。尤其是漢隸，無可爭議的代表著隸書發展史的最高成就，後代無論是隋唐、兩宋，還是元明清的隸書，都以其爲最高取法源頭。而魏碑也在碑學的倡導下成爲可與唐楷分庭抗禮的取法範本。再從橫向作比較，石門的隸書與魏楷兩類字體，在各自時代中，皆代表著一類藝術風格的極致。比如《石門頌》，是成熟漢隸瀟灑野逸一脈風格的宗脈；《大開通》是篆隸過渡時代古隸書風的典型；《石門銘》則是魏楷中成就最高的「南北二銘」之一，尤其經過清代碑學家的重新闡釋後，更是位於神品之列，成爲歷代書者取法追慕的經典源頭。石門漢魏書法的經典地位也是宋清兩個時代所望塵莫及的。

綜上所述，漢魏、宋、清這三個高潮時代及隋唐元明低落時代的石刻書法，組成石門書法史的完整大脈絡，填補了書法史的缺漏，折射出文字發展、書風變遷不可或缺的環節，其書法史研究的意義不可忽略。倘若純粹從書法史藝術審美層面的縱橫座標品評來看，石門漢魏石刻由於其經典性獨領風騷。宋代、清代書刻則由於創新性、經典性之不足，沈寂無名。雖然是書法史發展的重要環節，依然不能成爲經典書法範本，反映出書法史研究價值和書法藝術價值的差異，也反映出歷代藝術審美選擇的客觀性、必然性和合理性。

石門漢魏石刻的風靡，與宋、清石門石刻遭受冷遇，這一鮮明對比也表明，「創新」「自由」「獨特」是書法藝術之生命力。書法藝術必須始終保持趨優而創新的生命活力和超越時代的特質，如果作品中不能呈現出求新、求變的藝術理念，固守「程式」、理性、僵化、保守的思維，無論其書法史意義有多重大，其書法的藝術價值層面勢必不能打動鑒賞者而成爲永恆藝術精品。

二、「石門書風」之美學當代啓示

當今書法視野裏，石門漢魏精品已然成爲一個經典的集群，存有各時代典型風格的代表，是書者取法之源泉，尤其以《石門頌》《石門銘》爲最耀眼的「雙璧」，皆入漢隸、魏碑神品之列。那麼，石門書風有無共通的地域性整體特質，其最高成就代表何種書法美感的追求。石門漢魏石刻蘊含的美學意蘊對當今書法藝術啓示何在？

筆者認爲，石門漢魏諸刻雖處於不同時代、分屬不同字體，但有著極爲相似的形式因素和共通相類的美學趨向，構成了異於其他區域，一脈相承的「石門書風」，具有獨特的「典雅而超逸」的氣質和審美取向。

「石門諸碑」之書風既不同於的窮鄉兒女造像的粗率，而極具典雅性；也有異於廟堂經典之靜穆，而富含超邁之「逸氣」，這種精神氣質，一方面貼近了大眾的「典雅」審美取向，另一方面又貼合了「高邁」的美學範疇，被歷代仰慕之「神妙」，具有穿越時空、經久不衰的藝術魅力，對於當今的書法美學也有著重要的啓示意義。

（一）石門書法整體審美風格趨向

其一，石門漢魏摩崖地處山野，然其書風不是簡單地體現與「廟堂」對

立的「野氣」，其形式和思維展現出「典雅」和「野逸」交織的獨特風格，隱含著一種類似於「逸民」的氣質。此源於山野摩崖卻有著極高規格的書寫背景，配以雅致的「廟堂」筆觸，可謂「精英書法」與「山野自然」結合的呈現。

歷來鑒賞北碑書法，尤其天然摩崖石刻風格，往往帶有一種先驗的預判，認為摩崖石刻地處人跡罕至的崇山峻嶺，或窮鄉僻壤、交通閉塞，風格方面亦文明未開，書風滯後，或為民間書手、草草不工之作，將摩崖石刻與存於廟堂中的石刻「精品」相對立，歸屬於粗率「在野」「俗體」之類。石門書風亦被定位於純粹的「山野」風格。

但深入原境即可發現，這種預設不成立。如石門石刻中《大開通》《石門頌》與《石門銘》，為交通工程紀念碑風格的翹楚。翻開其誕生的歷史語境，為歷代王朝（秦、東漢、北魏）傾國之力修建的工程偉業紀功，其鴻篇巨製中含有一種昭告天下、宣示功業成就的性質。見證其誕生的地理原境——石門褒斜道，為重要的交通樞紐，各時代政治經濟的重心，還是權力爭奪的焦點。其石刻性質是關係國家命脈的工程，立碑發起者是位高權重的官吏，撰文幕僚和書寫的書佐及刻工，均是百里挑一的善書刻者，《石門銘》之刻者更是北魏統治者從都城洛陽直接委派的技藝超群的石師武阿仁。

無論從其誕生歷史語境的哪一方面看，其刻石背景之重、成果之精，無疑都代表石刻時代的最高水準。這種國家級的紀念碑在山野中呈現，從根本性質來看，不僅在交通摩崖石刻中屬於高規格，與漢代廟堂典雅的《乙瑛碑》等巨製亦可媲美。因而書風具有時代前沿與廟堂背景的經典底色，其規格絕非窮鄉兒女造像式的私勘濫刻，而是成熟正體在山崖這一特殊質地上有效植入，雅典字跡在天然粗礪而堅硬的崖壁刻錄，並伴隨著即興發揮，從而變異呈現出端莊與野趣相融的獨特風情。

因此，石門漢魏石刻整體書風，並非站在廟堂書風對立面的草率粗野，或是未開化地區滯後的風格。其呈現出「成熟典雅」和「山林野逸」交織互融的獨特精神氣質。既在各時代所謂「廟堂正體」之外獨出一脈，卻又跟一般「山野」草率之作的「剛強、躁動、銳利、粗野」的「草莽」氣質迥異不同，其質樸而「清高」，典雅而「飛逸」的特質來源，並非植根於山野文明未開的直率與蒙昧，亦非原生於民間工匠的胡寫與濫製，而是來自廟堂精英文化向山林的皈依。蘊含著以廟堂——山林，由清雅——野逸的雙重性。隱含

著一種身具高貴蘊藉之質，卻又遠離朝堂，隱於山林的「逸民」精神氣質。所謂逸民，即有才德而避世隱處，節行超逸者。《後漢書・逸民傳贊》：「江海冥滅，山林長往，遠性風疎，逸情雲上。」〔註32〕石門漢魏經典石刻，無論是意義重大而身處山林之背景，還是精書良刻在山石條件下即興發揮，客觀上形成的「典雅」和「野逸」交雜的形式，都帶有這種精神傾向，即相對於廟堂書風的端莊和民間書風的粗鄙，獨具「雅正而超脫」的氣質。

　　因此筆者認爲，《石門頌》《石門銘》雖處山林，其實代表了當時國家廟堂文化在山野公共區域展示的最高水平。其書風內核、情性格調體現的並不是山野之俗風和廟堂精英的區別，而是當時的「精英文化「在「廟堂」和「山野」中的呈現的區別。《石門頌》《石門銘》是成熟的漢隸、魏碑從「廟堂之高」向「江湖之遠」的移植。

　　其二、石門漢魏石刻形式傳達出共通的經久不衰的美學價值。展現出共通的貼合高邁哲學美學理想。

　　在書論品評中，對漢魏石門不同時代經典石刻，尤其是對「石門雙璧」《石門頌》《石門銘》之品評，具有驚人的相似性。漢隸《石門頌》被康有爲稱爲「隸中之草」〔註33〕，楊守敬稱其「行筆眞如野鶴閒鷗，飄飄欲仙。」〔註34〕在魏碑領域裏，《石門銘》被康有爲列爲「神品」認爲其是「飛渾奇逸」之宗。「飛逸奇渾，分行疏宕，翩翩欲仙」〔註35〕「若瑤島散仙，驂鸞跨鶴」〔註36〕。此二方相隔五百年、不同字體的書刻，卻給人們類似的通感——「神仙飄飛」「鷗鶴鸞鳳翔舞」。證明不同時代的石門漢魏石刻有著相似共通的形式美之因素，滿足了書論者對最高審美理想的嚮往。這種「高邁」的書法審美格調能夠喚起鑒賞者對「神仙氣質」類似超逸意象的共鳴，產生極致高超的審美體驗。探尋石門書風這些永保魅力的美學價值和蘊含著文化哲理的書法美學思想，能給當今書法帶來創造藝術美的啓示。

〔註32〕范曄，後漢書・卷八十三逸民傳贊〔M〕，北京：中華書局，1999.1876。

〔註33〕康有爲，廣藝舟雙楫〔M〕//黃簡編輯，歷代書法論文選，上海：上海書畫出版社，1979.799。

〔註34〕謝承仁，楊守敬集（第八冊）〔M〕，湖北：湖北人民出版社，1997.542。

〔註35〕康有爲，廣藝舟雙楫〔M〕//黃簡編輯，歷代書法論文選，上海：上海書畫出版社，1979.818。

〔註36〕康有爲，廣藝舟雙楫〔M〕//黃簡編輯，歷代書法論文選，上海：上海書畫出版社，1979.832。

（二）「石門書風」代表三大經典書法美學思想

1、線條「減負」代表脫胎換骨、濃縮精華、萬法歸「一」之美

石門漢魏諸刻，普遍具有對「簡古」嚮往之美學傾向。不論是《大開通》《石門頌》《楊淮表紀》等隸書淡化雁尾波磔，還是魏碑《石門銘》中去除方筆，都是一種對主流正體的「減負」，相對於同時代成熟已成定勢的筆形系統的捨棄。這種「捨棄」「消解」的過程，正貼合書論中的「仙氣」。眾所周知，凡人成仙，定然先將俗肌消盡，然後方能脫胎換骨，重換仙體，留下「提純」的能量與精華，自如飛昇絕離塵寰。石門漢魏石刻爲點畫「減重」，消除各字體具體的形貌，即剔除成熟字體具有明顯特徵的程式化動作，例如波磔、頭尾形狀的形態，從而「瘦身」，正可喚起觀者這種「消肌成仙」的通感，尤其是《石門頌》《石門銘》，是隸書與魏楷兩種字體成熟之後的「捨棄」，更是具有捨形就神、脫胎換骨之感。

如此所得線條形態，一定程度上泯滅篆、隸、楷書字體界限，呈現相近的圓渾、簡素狀態，無形之中更爲貼近字體源流——高古的篆籀氣。外柔內勁，綿裏藏鐵，是中國式哲學中「中和美」與「剛柔相濟」哲理之體現。而字體原生狀態，往往蘊含著無盡的破體而出發展的可能性和無盡的濃縮勢能。這種化繁就簡，形成抽象的「一」畫，又暗合「道生一，一生二，二生三，三生萬物」〔註 37〕之觀念。故而極致簡素又非單一，而是匯集眾美萬法後濃縮凝結的精華，線條的「一」狀態，不再具體歸屬任何一字體，而是成爲融通眾法、萬法歸一的象徵。力蘊於內，純粹的力在一畫之間遊動，成爲一種脫去具體形式聚合能量體的化身。因此對石門石刻的推崇，代表對高古篆籀意味、泯滅字體界限，融通萬法歸「一」美感的追求。

2、代表雜糅眾美的含混意蘊，隨心統御、妙用規則的莫測神力

石門漢魏石刻中，不約而同含有雜糅美之特質。《大開通》《石門頌》《楊淮表紀》或隸筆與篆意、或隸勢與草情的雜糅。《石門銘》更是雜糅美的集大成者，其楷法中隱含隸篆行草諸體，結體跨越時代，章法與行草的互通，其打破了單一筆味、固定字體、楷體布局等系統法則，呈現多層面合諧雜糅的特徵。

在書法中，雜糅即兼採諸體，融爲一爐，形成神妙莫測的含混美感，其

〔註37〕陳鼓應，老子今注今譯〔M〕，北京：商務印書館，2003.233。

美感本質體現在「雜」與「糅」形成的豐富性、含混的包容性以及二者相互作用所形成的內在張力。「雜」代表因素豐富、質感和厚度。為避免諸體法則的固定和單調，雜糅致力於將眾法集於一體，增強表現力，即古人所云「為一字，數體俱入」〔註38〕，「總百家之功，極眾體之妙」〔註39〕正體現了「雜」所帶來的法的無限豐富性，「糅」即將諸種豐富因素融為一體，形成抽象、「含混」的意蘊。將各「定體」所形成的典型性封閉系統破掉，將清晰特徵互相趨近，使之有相似性、共通性，其中各相似因素交融碰撞，造成系統界限的模糊不清，令人無法準確定義其筆劃、字體的歸屬，體現一種捉摸不透的朦朧感。類似於文學中的重要審美特徵——意蘊的含混性，看似單義而確定的符號卻蘊蓄著多重而不確定的意味。〔註40〕

　　簡而言之，雜糅就是一個引入多元因素，再加以協調的過程，其並非簡單的字形混合疊加，雜糅眾美的背後，代表著對各種字體系統的熟悉、把握與掌控。統御諸體因子的神妙不可測的強大統御之力、對規則的超越和隨心運用的妙思神運。所雜內容越豐富，元素之間形式差距越激烈，糅合所需的內聚力越大，形成作品的內在「精神張力」也就越強，更需要以極強大的藝術協調力和情緒感染力，把一切原本差異極大、難以融合的諸種字體的筆法系統、結構規則、篇章布白理念等因素全然納入自身藝術情感的軌跡，化為動靜、虛實、節奏因子統一於篇章，方能形成和諧而不突兀的局面。書者即時精神之力沛莫能禦，大到有足以抗衡自然力之勢，非有極強的藝術情性、高超的技巧和充盈的情緒感染力不能駕馭。具體方法則需要妙手偶合，心手相應，不可以智求，亦不可以言說，無一定規律可循，也不可複製。

　　因此石門漢魏石刻看似隨心所欲，而其眾法雜糅卻隱含著來自於統御眾則的強大魄力、神思巧運不可端倪的莫測神力，這種審美理想似造化神力方可及之境界，使人驚歎畏服。故而稱「神品」令人追慕不已。

3、靈性生命之自由律動，代表超絕世外的「天人合一」美學觀念

　　石門書刻中最高層次的神品，體現「天人合一」美學觀念。帶給人的形式通感，不是鷗鳥、仙鶴、鸞鳳之類美麗生靈、便是跨鶴驂鸞、瀟灑飄逸的

〔註38〕康有為，廣藝舟雙楫〔M〕//黃簡編輯，歷代書法論文選，上海：上海書畫出版社，1979.28。

〔註39〕趙孟頫，松雪齋集，閣帖跋〔M〕//崔爾平選編，歷代書法論文選續編，上海：上海書畫出版社，1993.182。

〔註40〕陳思，北朝後期復古銘石書研究〔D〕，北京：北京師範大 學，2013。

瑤島散仙，這些都不約而同可歸爲具有「飄逸出塵的美感」和「生命自然的律動」。與超絕世外、特立獨行的一類靈性生命的精神相通。正由於其脫胎換骨減盡「俗肌」的筆劃，寬舒放縱、輕靈飛動的體勢，形成骨清體闊、疏秀清雄之美感，更由於渾然天成的章法整體，給人以哲學中「天人合一」自然美感。石門漢魏石刻中，無論古隸《大開通》漢隸《石門頌》《楊淮表紀》魏碑《石門銘》，其整篇的章法並無嚴格縱橫行列，而是渾然一體。搖曳放縱的體態，看似游離散佈卻自然和諧的字群，正貼合了這種對於眾生萬靈自然生命狀態之想像。輕盈而飛動，沒有正襟危坐的整飭，沒有軍隊一樣的統一陣勢。自由散落，隨勢賦形。偃仰起伏，姿態各異，神情自若的生命體徵，既典雅高致，又不被廟堂塵世所束縛；既處山林幽谷野逸無束，又非粗頭亂服窮傖寒儉的粗野鄙俗。暗合山中逸民、隱士甚至世外仙人等靈物之精神風度。特異於《張遷》《西狹》《郙閣》如金剛怒目之雄壯、《曹全》形如芝蘭媛女之秀美、《乙瑛》《史晨碑》如正襟危坐君子之端莊，石門最高書風審美指向一種帶有極致靈性的眾生乃至眾仙之群相，貼合其生命在自然狀態下，盡情展示出優雅、美妙、自由的情調；超脫一切束縛，在絕對自由的狀態下遨遊天地，隨心所欲而又自然和諧的狀態。

因此，石門書風中傳達出這三個美學特質。無論是簡約而豐富，脫胎換骨，眾法歸一的超脫；還是雜糅兼集眾美，隨心妙用規則，極具強大的氣勢與神力；還是超絕塵寰精神絕對自由的世外仙人狀態，都使得石門漢魏石刻並不涉及宗教卻帶有形式的仙氣。同一個地域石刻中，相似共通的美感因子，喚起了後世觀賞者對於最高精神與美感的追求，故而讓《大開通》《石門頌》《石門銘》代表古隸、漢隸、魏楷等不同字體，分別在書法史上被列爲經久不衰的神品。

總之，以石門漢魏精品爲代表的石門摩崖，是誕生於特定歷史環境、功用和書寫心態下的獨特經典書法集合，各時代經典摩崖整體所呈現出的相似形式特徵和審美取向，成爲書者普遍取法的對象，從而固定爲地域經典風格「石門書風」，其代表了當時國家廟堂文化在山野公共區域展示的最高水平。代表著一個地域、一類書法風格美的極致，以獨特美學品格、獨絕高邁姿態呈現於書法藝術之林，具有跨越地域、時代的影響力。這種石門書刻藝術一脈相承的格調，一方面與書刻人物相似身份背景和歷史語境有關，另一方面也與石門地域獨特的石質條件、刊刻方式密不可分，有關這一點將在下一章專門探討。

第五章　石門摩崖群刊刻藝術試析

　　本章主題：「因石奏刀」。上一章已論及，石門石刻的書法藝術堪稱古代摩崖的巔峰之作，其「典雅」和「野逸」交織的書風，與石門地域獨特的石質條件、刊刻方式等等密不可分。石刻書法藝術神韻的傳達，很大程度上依賴於刊刻之造化。筆者認爲，作爲石刻製作的重要環節，摩崖之設計、書寫刊刻等工藝，並非難登大雅之堂，純屬再現枯燥單一的技術，而是能與文辭內容、史料價值、書法藝術價值等並列，構成摩崖藝術價值的完整體系。書者書丹於石，刻者以刀留傳，一件精美石刻正因二者默契配合，方能共造華章。

　　作爲特殊的碑種——摩崖，由於其環境條件的特殊性，刊刻工藝和一般碑刻有所區別，臨時從宜成分，各自發揮的空間亦大。

　　石門石刻屬於碑刻中「摩崖」一類。普遍論及摩崖的書刻藝術，其印象停留在「粗率」，比起精工細刻的碑版，摩崖的工藝似乎更爲「粗獷隨意」，其突出的特點爲「自由」「野趣」，觀拓片呈現出的斑駁陸離風貌，就將其刊刻技藝籠統納入與「精工」相對的「草率粗疏」之列，一以論之。歌頌其浪漫野趣亦鄙薄其粗率，對其刊刻方式則似乎不足一論。亦少有深入追問摩崖刊刻方式之特殊性。摩崖究竟和一般石碑製作流程、刊刻方式有何異同，是否有一套獨特流程，不同地區的摩崖何以呈現不同風貌，值得一探。

　　筆者在漢中博物館，近距離親眼目睹僅存的幾方從山體中分割出來的摩崖，不能不被其山石之奇美、氣勢之宏大、刻工之精湛所震撼。更感受到以往拓本所無可比擬的視覺體驗。大處巍然蒼茫，斑駁陸離，一任自然，大巧不工；小處卻又別有精微，細節呈見精神。其精美之處令人歎爲觀止。石門

摩崖或有草草不工粗率之作,但更有精工良刻之精品。且前章探討石門摩崖書法時已論及,其屬於國家之重大工程紀念碑,並非下層刻工草草急就之作。因此其體現出的與碑刻的區別,也不能簡單歸為「粗率隨意」,而是面對不同場景處理方式不同而已。由此引起一些思考:比如石門獨特風貌相似的線條如錐畫沙的狀態,是囿於時代技術底層工匠技術局限的蹩腳手藝,還是根據環境石質條件試驗後的有意選擇,抑或是拓片再現之誤差造成的錯覺?結構的奇趣稚拙、布局的隨意搖擺、星羅棋佈,或天馬行空、一瀉千里,是興之所至,隨心而為,還是有意為之的藝術自覺創造,還是受條件所限,根據實際情況創造性的發揮?

筆者以為,摩崖承繼傳統碑刻方式,卻有異於一般碑刻的獨立成套製作體系,同樣有精、粗之分,有關其刊刻工藝,不可一概而論。石門摩崖就是其中佼佼者。探討石門摩崖書刻技藝具有藝術層面的意義和價值,值得深層次的探尋。

相對傳統碑刻,石刻摩崖刻於粗礪天然崖壁上,受環境與石質所限,難以隨心所欲,需與嚴酷山崖環境與複雜石質條件進行磨合,雖有著即興發揮的自由度,然也面臨著普通石碑所沒有的諸種難題的挑戰,因此摩崖刊刻猶如戴著鐐銬舞蹈,若能克服現實難題,並能達到渾然天成,需要書刻者更高超的技藝、更靈活的設計理念和創造力,同時還需要對摩崖石刻相類似的載體如石碑、竹簡等形式能動的吸收與借鑒,並能隨機應變、讓刀、石、字默契配合,甚至可以達到由技及道之境界。所謂由技及道,即在長期從事某種技藝過程中,探索形成一套優化、適合的操作步驟和方式。一門「技」上升為道,體現的是操作過程中,妙合於不同事物本性,達到和諧自如狀態。是操作者、工具、對象三者的和諧統一,猶如庖丁解牛一般心手合一。面對特殊情況,擇最優方式,形成獨特方法,達到最理想的境界,正是各門技藝上升為藝術,由技至道的途徑。

石門摩崖正是面對漢中褒斜道地區的特殊環境與特異石質,形成一套適合地域條件,極具經典性的布白設計、刊刻技藝、拓本再現等流程,其對傳統碑刻技藝的借鑒與繼承,與臨時從宜的創造發揮,皆有極為獨到之處,與其他地區摩崖石刻藝術相比,具有獨特的群落個性風貌。其中門道正是石刻藝術「由技及道」的關鍵所在。在中國石刻藝術史上,極具典型性又有普遍借鑒意義。同時,石門摩崖作為區域集中,時間軸跨度極大的石刻群,從各

個時代不同工具條件、書刻者面臨相似情況的不同處理方式。可以縱向審視石刻歷史上，歷代刊刻技術的起落演變軌跡。窺視石刻高峰時代和低落時代的摩崖刊刻技藝的不同風貌。

因此，本章以石門留存石刻為研究對象，重點關注石門摩崖之書刻藝術，關注如何繼承傳統碑刻的技藝，面對摩崖特殊情況如何選擇應變，如何在限制條件下，使得山石、書刻無間配合，宛然天成，不生齟齬，由技及道形成渾然天成的美感。

具體分為五節，首先將深入歷史原境，探討石門工藝流程與參與者身份，再針對石門摩崖相對於碑刻的四大難題的特殊解決方式，從選址與崖面石質條件、書丹設計、刻工技藝、拓片再現這四個方面入手，對石門摩崖的書刻藝術進行探尋。

第一節　摩崖的工藝流程與碑刻的比較

一、石門摩崖工藝流程及參與人員分工

研究石門摩崖書刻特性，首先須瞭解摩崖的製作流程的各個環節，一直以來，摩崖被看作一種特殊的碑種，由於碑在長期製作過程中，形成一套相對固定的嚴密複雜的流程。而摩崖則類似於「山崖上刻碑」，雖出現得很早，但人對其製作流程基本無特殊關注或專門的論述，更沒有系統的歸納，與碑的系統性相比顯得較弱，因此，筆者力圖深入原境即刊刻場景，總結歸納出石門摩崖的製作流程和參與人員分工等，將其與碑刻進行比較，發現摩崖的製作工藝和一般碑刻既有共通之處，又有其特殊性，在幾個環節有變異和特別的需求。

一方摩崖的成形，需要遵循嚴密步驟，且由眾多參與人員合作方可完成。筆者經過實地考察、參照碑刻製作工藝流程、結合前代人的總結，歸納石門摩崖製作的主要工序如下。一方摩崖從發起至刻成再至傳播，可分為三個大環節，即準備環節、操作環節、以及後續與再現環節。具體又可細分為七個流程，即選址定石、整治崖面、擬寫文稿、設計布局、書丹上石（書寫者）、湊刀鐫刻（刻工）、碑拓這七個步驟（見表5.1）。而核心參與人員則包括發起組織者、撰文者、書丹、刻工、拓工等，各司其職，緊密合作共同完成。

準備環節：發起組織、定址選石、整治崖面（刻工）

具體實施環節：擬文（發起者或書者）、設計（書者）、書丹上石（書者）、
鐫刻於石（刻工）

後續環節：碑拓（拓工）

其一、**準備環節**有三步，即發起並組織人員選址定石，整治崖面初步構型。

選址定石是摩崖刻石的首要環節，一方摩崖誕生緣起，首先便是在當時歷史語境下，根據某事由，由某位發起者決定需行紀念之事，一方摩崖的書寫內容，即取決於發起者的思路，或爲了記功，或有感而發。發起者一般爲摩崖製作中位高權重者。比如漢魏摩崖的發起者，即是地區最高軍政官員漢中太守鄐君、王升、梁秦刺史羊祉、蕩寇將軍李苞等等。宋代清代則多是遊覽、研究石門的文人官員本人。權威的發起者有此意向之後，即可指派手下，組織具體操作事宜。因此發起者對一方摩崖起到首倡、定性並指示、組織的作用。而具體操作者，則是發起者手下，如《石門頌》，由漢中太守王升發起，實施成員包括「五官掾南鄭趙邵字季南，屬褒中晁漢彊字產伯，書佐西成辅字文寶主」。五官掾、屬、書佐、這三類，都是太守王升的手下屬吏，皆爲漢中當地人。和朝廷委派輔佐郡守的「郡佐官」不同，這些「郡屬吏」是郡守自己辟除的，五官掾無具體執掌，兼管諸事，東漢時五官掾常主祭祀，故而列於諸吏之首，而屬和書佐都屬於郡守門下親近屬吏，書佐類似秘書工作，包括記錄、繕寫、起草文書、宣讀等等，也是石門摩崖具體書寫設計者。

人員選定後，即選定刻石紀念地址，根據需要，由摩崖的組織者和操作者一起選定。總發起者決定摩崖石刻大致範圍，具體操作者就要在此範圍內選擇適合的崖面，以石質易於刊刻，位置有遮蔽物可供長久保存爲宜。比如漢魏石刻多爲紀念褒斜棧道、石門隧道開通有功德人物，摩崖地址就在石門隧道及附近鋪設棧道的山崖間，尤其集中於開鑿好打磨過且不易被風吹日曬的石門隧道內。而遊覽玉盆景色，其摩崖就在褒河沿岸靠近玉盆景區崖壁上選擇光滑大石，入石門隧道觀古刻，則在古刻近旁選擇適合的崖面。石質良好則可經久不壞，比較軟碎的則易剝蝕不可識別，因此石門摩崖在選址定石之前，往往會進行試刻，以保證其歷經數代尚能保存完好。

選定之後，就進行準備工作的第二道工序，由石工對崖面進行打磨整治，確定摩崖所要採取的大概形制，相當於碑刻中的「構型成坯」步驟。天然山石多不平整，有石棱凹凸，裂縫。爲方便刊刻，需將坑窪不平之處鏟平，碑

石的本身材質、打磨的精細程度，對山石原始狀態的改造，直接影響第二大環節設計、刊刻的難易程度、採用的技術和最後呈現的效果，也極大影響著拓片呈現的風貌。由於石門摩崖石質極堅硬，打磨不易，尤其是石門洞中，布滿凹凸、石花、多有經過水激火燒遺存的深入山體的裂隙等，都無法被整治消除。打磨整治之後的結果也並不能像一般碑石那樣能做到精礪細磨，至崖面光滑精細，保證平面的完整性，而是採取了「大略整治」之法，保留著原始山石天然主體成分。

發起、選址與初步整治構成石門摩崖準備環節，決定著石門摩崖的「底色」和大體形制。

其二、具體實施環節。包括擬文定稿、設計布局、書丹山石（書寫者）、鐫刻上石（刻工）四個步驟。這是一方摩崖製作流程的最重要的主幹。

（一）擬文定稿，是根據實際情況需要撰寫摩崖文辭內容。有時在摩崖完成後還有添加說明。

（二）設計布局，即根據崖面實際情況對文辭進行布局。一般碑刻只需考慮其碑形，石門摩崖之布局還需要對石面實際問題（如大裂隙走向、崖面層次高低、問題石質部分）有整體瞭解與把握，然後進行巧妙調整。

（三）將底稿設計完畢即可書丹上石。石刻書丹分為兩種。一種是摩勒上石。先書寫在紙上起稿，然後將其覆蓋摩拓下來，在背面以朱色進行雙鉤，在石上塗蠟和墨，將朱墨過到石上。刻者必須嚴格按照石上輪廓走刀。另一種是直接「書丹上石」即在稍加打磨的天然崖面上直接以朱墨書寫文字，然後刻工進行刊刻。石門摩崖形制巨大且崖面粗礪不平，故而大多數是採取直接書丹上石。書丹上石優勢在於簡便，且多吸收毛筆成分，但也存在刊刻環節不易忠於原作之弊。而石門摩崖採用此法，無疑對刻工之鐫刻技藝是更高的挑戰。

此三步驟是由發起者手下書吏完成還是由發起者本人完成，是以宋代作為分水嶺。漢魏時期紀念性摩崖撰文及設計及書丹多由發起官員手下「主書之吏」完成，即「書佐」，這一類書佐，多是文書兼優而被太守辟為文人官吏者，專門負責為太守起草文書、文件簽發等工作。《石門頌》由漢中太守王升親自撰文「頌讚」部分，其餘由文書起草、碑版設計、書丹上石都由書佐完成。留名《石門頌》上的「書佐西城王戎字文寶」，無法考證其生平，漢中為大郡，太守治下書佐配置通常有一二百人，自然選出最善書者參與摩崖書刻

之事。《石門銘》的「梁秦典簽」太原郡王遠，大抵也屬於太守手下長於碑版的善書者。而宋、清以後則多由發起者本人包攬，如紀念碑類的《山河堰落成紀》、研究碑《大開通釋文》、《石門道記》等，均由發起者當地官員晏袤、羅秀書本人親自撰文並書丹。宋代大量出現的遊覽題刻，大多由宦遊官員親自書寫。

（四）鐫刻上石，由刻工據此書丹直接在山崖上進行鐫刻，是一方摩崖形態和神韻的最終呈現。這是摩崖製作最核心的環節。

刻工又稱爲石師，屬「百工」的一類，古代對刻工要求極其嚴格，石刻規格越高，對於石師的要求就越高。漢魏中央地方均有政府專設機構雇傭石師負責刻石。刻工雖然重要，但是被記載留名甚少，除非一些重要石刻銘刻工匠之名以考核質量的優劣，《禮記·月令》「物勒工名，以考其誠，功有不當，必行其罪，以窮其情」〔註1〕。如《祀三公山碑》就在記載長史、五官掾、護曹史等參與者之後，刻著刻工「工宋高」之名。《郙閣頌》亦刻有「石師口威明」。但刻工上石畢竟是極少數。因此，石門諸刻無論是漢魏還是宋、清代，多沒有記載刻工。石門地區漢魏石刻作爲國之大事，是記功頌德銘刻活動中極其重要的一環，因此對關係到再現書丹神韻的刻工有著嚴格的篩選，北魏《石門銘》就記載了刻工洛陽石師武阿仁，可以清楚看到，他不是當地石師，而是當時國家政府專門從洛陽郡隨左校令施工隊調來，爲漢中褒斜道工程紀念碑刊刻的百餘名石師的首領。當時的「洛陽體」盛行，都城洛陽形成一個石工群體，武阿仁作爲國家專用刻工，能跟著派遣的隊伍前來石門，爲國家重大工程之落成紀念刻碑，可見其是當時技藝高超者。

漢魏時代刻工身份大致與書者身份平行，屬於製作工藝的兩個環節。而自宋代由發起者包攬書文後，不再將題壁作爲一種「崎嶇碑碣之間，辛苦筆硯之役」，而是作爲一種自發抒情、研究的方式。文書者地位提升，而刻者卻逐漸淪爲一種依附於書丹的工匠，名字基本隱去，地位低落，最終完全隱沒在書者背後。也昭示著石刻藝術作爲獨立藝術的式微。

和一般的碑刻一樣，摩崖藝術神韻之傳達，取決於書者與刻者相配合的默契程度。書丹和刊刻二者的默契配合，是一方摩崖藝術成就高低關鍵所在，書手設計書丹定摩崖基調，決定其「底子」水準，刻工是一方摩崖神韻傳達者，是石刻最終呈現面目效果的決定者。在書手水平不變情況下，刻工決定

〔註1〕 王文錦，禮記譯解·月令第六〔M〕，北京：中華書局，2001.228。

著石刻的藝術水準。劣工拉低整體石刻水準；中等刻工可儘量還原書丹風味；至於優秀石師不止能還原書丹風貌，甚至可增光添彩。如北魏《石門銘》之神韻就是書者「太原郡王遠」和刻工「洛陽石師武阿仁」珠聯璧合所造就。

其三、**後續傳播環節**，即將摩崖進行棰拓流傳於世。

由於石門石刻多處於人跡罕至的山崖幽谷，一般人難以得見。因此欲一睹其面貌，大多需靠拓片進行傳播。這種傳播手段始自宋代金石學，在清代更是大爲興盛。因此，石門摩崖石刻群地區，有世代相傳的拓工家族，形成專門從事棰拓石門諸碑的群體。但由於山間棰拓條件艱難、摩崖石刻本身情況複雜、以及拓工水平所限，歷來石門拓片失真問題嚴重，再現出的拓片較之原刻有著雲泥之別，藝術成就難以爲世人所真正認識。清代羅秀書專門欽定拓工世家張懋功，並教以先進的棰拓之法，親自到石門隧道進行監督，才拓出相對滿意的拓片。可以說，拓片的再現手段，決定著絕大多數不能親臨現場的觀覽者所能看見的摩崖石刻的風貌，正是一方摩崖廣泛傳播中不可或缺的一環。原刻拓片成爲研究者、取法者的重要依據之一。

二、石門摩崖刊刻與碑刻相比的四大難題

上一章節還原並總結了石門摩崖製作的大體流程，那麼與傳統碑刻製作流程相比，摩崖石質、設計、刊刻、拓片，以及互相作用和配合方面有何異同，其特殊性何在，又面臨著那些新難題。以下將二者之流程做一比對。

關於碑刻的流程，歷代討論甚多。王文廣的《中國古代碑之設計》一文中，對於刻石製作流程進行了比較細緻的歸納總結。將碑的製作歸爲十六道工序，即：「選材、構型、成坯、選文、布版、上樣（書丹、起稿、鉤字、過朱、錘定、掛膠）鐫刻、組件、上色、打磨、碑拓」〔註2〕。不過筆者認爲此歸納還應加上製作之後的重要環節，即立石。就是一方刻石製作完成之後最終的歸處，是立在路邊、墓前，還是放置墓內，《說文》，碑，豎石也。簡單而言，碑的製作也可總結歸納爲九個環節：選石材、打磨成型、擬文、設計布版、書丹、鐫刻、選址安放、碑拓。相當於摩崖的三大環節即：刊刻流程準備環節、具體操作環節、後續與再現環節。如圖碑刻與摩崖進行具體比對，從中顯示不同之處。

〔註2〕 王文廣，中國古代碑之設計〔D〕，蘇州：蘇州大學，2012.206。

表 5.1 摩崖與碑刻製作流程對比

準備環節	摩崖	定址、選崖面	整治崖面構型
	碑刻	選石材	打磨構型成坯
具體實施環節	摩崖	擬文、設計	書丹、刊刻刻崖面
	碑刻	擬文、設計	書丹、鐫刻石碑
後續環節	摩崖	（無）	槌拓崖面
	碑刻	選址豎石	槌拓石碑

可以看出，摩崖和一般碑刻核心主幹環節的工序是一致的，即具體操作的擬文、設計、書丹上石、鐫刻、後續的碑拓。區別在於準備和後續環節，分析如下。

首先，準備階段的第一步，碑刻為「選石」而摩崖則為「選址」；第二步，碑刻是將石材從山體切割分離後「打磨成坯」，而摩崖是「整治崖面構型」，就崖體直接打磨。

其次，後續環節中，碑要選址豎石，而摩崖始終沒有分離山體，故而也沒有碑刻後續的選址立石等問題。

如此看來，摩崖與一般碑之書刻最大差異，指向「一樣的實施環節」與「不一樣的條件」，摩崖面臨著諸多限制的自然環境，正是這些似乎和主幹無關的「外在條件」，直接影響到工藝流程的核心部分——書丹、刊刻、以及後續碑拓等工序的難度和藝術的展現高度。具體的說，其差異體現在：刻工與崖面及刻石的關係上，即碑刻可最大限度選擇環境從中儘量選擇優質碑石來適合書刻者的製作，而摩崖雖也以環境為優先選擇，但對局部石質優劣和具體環境差異選擇餘地偏小，換言之，摩崖石刻很大程度需要書刻者利用已有的技能，去適應特定環境與石質條件。因此也造成摩崖書刻相對於碑刻會遇到更多的現實難題。筆者認為其難題主要有四點。即選址與特殊石質難題、天然石面設計難題、艱難條件下刊刻手段難題、拓片再現與原刻差距的難題。

（一）特殊操作環境場所與石質條件

一是，石門摩崖面臨著與碑刻不同的艱難操作環境。書者、刻者需固定在「選址」現場。極大地增加操作時的難度。一般碑的書刻皆可在工坊等安逸環境，將碑石平放在地上盡情發揮，刻好後再運到需要的地方豎立起來，

而摩崖制作顯然不能如此，石門摩崖無論書丹和刻石都要站立在昏暗隧道中的腳手架上，懸肘書寫與刊刻，均違背平素形成的習慣。尤其是石門隧道中頂天立地的幾方巨大摩崖，刻高處，須身體棱空，頭上仰；刻低處，須身體曲就，頭俯下，終日辛苦可想而知。無論對書者、刻者技藝的正常、持續穩定發揮均是一種極大挑戰。

摩崖除環境艱難挑戰之外還面臨著複雜石質條件的挑戰，碑刻之石從山中開採，因此可選擇任何地域山崖開採最合適刊刻的石質，按需求精細打磨，所得石質合宜、石面完整平滑，基本不出現裂隙、凹凸等複雜狀況。但摩崖是在固定地址小範圍內選擇崖面，為規避自然風雨剝蝕的威脅，還需盡量尋找有所庇護適於長久保存之所，故摩崖石質選擇範圍顯然比一般的碑石小許多，既無法隨心所欲選擇大面積適合刊刻的石質，打磨的時候也不能完全應刻工的要求，只能選擇大致平整的塊面略加打磨，天然崖面起伏和水激火燒開鑿石門洞所形成大小裂紋不可避免。因此對書刻者掌控、適應這種特殊複雜石質條件，提出了更高的要求。

（二）石面排布設計難題

此難題承繼上一點，由於崖面整體石質環境與碑石比相差甚遠，設計者首先要面臨著存有裂紋或者平整不一的崖面，書丹前要根據崖面具體情況設計，既巧妙規避這些不可去除的裂紋，在崖石不同層面上安排行列，又不讓整體布局凌亂，形成篇章的和諧與統一。

另外，相對於碑的固定形制，摩崖形制有很大自由發揮空間。石門摩崖多對碑刻有所借鑒，但碑石四面均可刻，而摩崖只在一面完成，平常碑刻中碑陰的內容如：門生故吏、書撰人及石師名字，也需要和碑陽正文在同一平面出現，進行合理安排。再有，碑石切割之後不能更改石面尺寸，摩崖只相對框定石刻尺寸，但正文結束後附加內容可進行適當「擴充」，比如「石門頌後記」「石門銘小記」這些擴充部分如何做到不累贅，又和原篇章對應與統一，這都需要設計書丹者的能動性，在設計前後根據實際情況進行借鑒和靈活合理的發揮。

（三）鐫刻技藝難度

這是石門摩崖面臨的最大困難，依然受第一個難題所限。崖面之固定對刻工技法發揮的限制是很明顯的，刻工無法像刻碑石一樣，隨心所欲或通過

改換人的位置，或改變石的方向，多角度走刀，而必須垂直於崖面一個方向，對於平時慣用的技法必須做出相應的改變。石門地區石英巖石質特殊，與刻工平時遇到的石質不同，其極端堅硬，下刀更爲艱難。若想還原書丹者的筆味，日常熟悉的刊刻方法常常亦行不通，無疑需調動已有的豐富鐫刻技藝合理應對，甚至同一山體不同部位的崖面，或同一崖面的不同局部，石質條件均有諸多變化，如堅硬、酥脆、裂縫。更需要隨機應變處理。因此，刻工根據石門特殊石質、複雜的石面情況，採取最合宜的刊刻措施，臨時從宜，心手合一，傳達出書丹者的神韻，甚至比書丹原水準更勝一籌。這有賴於刻工高超技藝的再創造。也正是判斷石門石刻各個時代水平高下，是否能「由技及道」的關鍵點所在。

（四）拓片的還原偏差

由於摩崖拓工棰拓條件艱難及石質原因，難以避免拓片的失眞。碑石光滑，拓片的重現手段能夠比較眞實反映原貌，而石門摩崖則不然。崖面有弧度且凹凸不平，甚至還有塊面不在一個平面上，有歪曲突出，還有扭曲變形，棰拓難度相當大，加上石質粗礪，裂紋橫豎，常有裂紋與筆道混同，所得效果也多不盡如人意。無論多麼高超的拓工都只能儘量還原刻風貌，而不可避免的損失原刻眞實的觸感、刊刻的細節，而其散佈山石之中那種灑脫靈動、極具立體、整體恢弘壯大等審美體驗，也無法通過拓片「平面」再現，也就是說，大多不能親臨現場觀覽原刻的研究者或取法者，僅通過拓片對石門摩崖風貌的認識可能有所偏差，因爲拓片較之原刻效果相去甚遠，這幾乎是以往只通過拓片研究者在見識過石門石刻眞貌之後的共識。因此更需從現存原刻的刻痕出發，在與拓片的比對中體味並領悟其處於最眞實的天然狀況下的獨有魅力。

總體而言，石門摩崖與碑刻主要區別在於操作環境與石質條件的差異，這種差異對書刻造成許多實際難題，因此既需要傳統碑刻的嚴謹高超技藝，又需要書刻者臨時從宜的靈活性，而各時代書者和刻者面對這些情況的處理，反映著書刻者水平之高下。因此下面就以現存刻痕清晰可見的石門石刻的實物作爲研究對象。分爲四節，研究石門摩崖書刻藝術的特性，探討不同時代書刻者在面臨四個摩崖書刻難題時所展現的獨到之處。

第二節　石門摩崖選址與石質因素

一、石門摩崖選址特點及遵循原則

選址是摩崖製作的第一要務，是「製作需求」與「自然環境」的融合，摩崖選址之優劣，關係到其能否廣為人知並長久留存，以及有否不斷繁衍的生命力。作為一個大型摩崖石刻群，其選址對各因素的考量均相當的慎重，石門摩崖選址，以褒斜棧道為軸，在沿岸途經的重要景點集結分佈。其兼具交通記功的公示性、自然風景的藝術性、傳之久遠的科學性、方便操作的實用性，令人稱道。

（一）依託交通棧道沿線風景區，絕佳環境融入性和公示性

大抵摩崖選址聚集區，不外乎兩類，其一為山水形勝之地，環境優美，登臨感興。其二為實用交通要塞，極具紀念的廣泛公示意義。而石門整體區域的石刻選址之妙在於二者兼而有之，既是實用的往來「交通要道」，沿途又是山水壯麗的風景名勝，順棧道沿線各景點集群，形成既有「交通摩崖」公示實用特點，又兼具「風景摩崖」的環境融入性的美感。

褒斜棧道區域廣大，而石門石刻群集中於棧道重要交通樞紐之節點，以保證廣為告知的公示性，為達到其廣宣德化之效。漢魏時代石門隧道初啟，便是褒斜道交通運轉之必經要道，不像《西狹頌》所處位置那樣人跡罕至「惡不蔽晦」「氈捶不易」，其日常交通頻繁，南來北往、行人車馬絡繹不絕，進出經行皆可見壁上石刻。石門之址極大的滿足了摩崖刻石記功、宣示大眾、傳揚後世的需求。因此，漢魏交通記功摩崖大量聚集於此，極富集群效應，使得其在喪失交通功能之後，持續吸引後代遊覽者前來觀碑，甚至披荊斬棘前去探訪。也因為經典古碑群的強大吸引力，也使得後代趨近古碑之經典，將自己刻石選址定於此，圍繞著漢魏母碑展開一輪輪新的聚集。依託古碑聚集地之盛名，讓自己的石刻達到更好的留名宣傳之效果。回觀石門隧道，漢魏經典的母碑聚集，宋代題刻幾乎將隧道餘壁填滿、清代碑刻繼續運進洞內倚立，石門隧道內摩崖石刻歷代持續集結，除石門隧道以外，石刻還在褒水沿岸的山崖間聚集分佈：如玉盆石刻區處於褒斜主乾道上。再如青橋驛、馬道驛等石刻聚集區均為大驛站，也都是南北行人商旅行經褒斜道休憩之所。石刻選址集中於這些地區，其宣傳公示之目的也是顯而易見的。

石門摩崖幾大聚集區，除為交通要道之外，同時也都是絕佳的風景勝地，

石刻選址，注重與自然環境的緊密融合，妙用天然，因地制宜。比如，石門隧道南北口外景色迥異，豁然開朗，形成「別有洞天」之感，山間崖壁連連，山下褒水潺潺，依山臨水，景色殊勝。而玉盆景區，更有褒水滾滾雪浪萬頃，波瀾壯闊之美景。聚集於此的石刻，或擇褒水中天然凹入光潔如玉的白石，或看重由褒水點綴下的夾岸石崖，如此等等，無一不體現一種樂與自然融為一體的選址美學。因此，石門摩崖選址，既作為交通要道滿足公示大眾之實用，又能以壯美奇險之景喚起遊覽者刻石抒懷之激情，此景此情，無形之中拓寬了作為純「交通摩崖」的功能，使得摩崖主題更具有開放性。由此可見，石門諸刻所選之址，既是「必經之路」，又是「必遊之景」。融合二者因素，故而具有持續增殖的生命力。

（二）依託天然掩體，永久留存的保護性

石門摩崖，最初因紀念修建棧道而鐫刻於崖壁，可是在其後的長久發展中卻未分佈在棧道沿岸崖壁，而是陸續聚集於石門隧道（石門洞）內壁。換言之，其最初的第一方摩崖《鄐君開通褒斜道》是置於石門洞外棧道經行的山崖間，緊接之後的《石門頌》等，便開始大量集中在石門洞裏，乃至宋代將石門洞內摩崖擠滿，清代繼而見縫插針，甚至在地上樹碑。眾所周知，石門隧道和龍門等石窟不同，其不是為了刻石而鑿，但最終卻成了石門石刻最主要的選址之一。這種選擇是基於什麼考慮？筆者認為除了上面所言的公示性因素外，歷代石刻選址亦將科學性與實用性作為相當重要的因素。

1、得益於石門隧道得天獨厚的保護條件，適合摩崖保存傳於後世的要求。

處於自然環境中的摩崖石刻，除去人為故意破壞的因素，其時刻面臨著自然界物理性、化學性、生物等因素的損壞與侵蝕，影響著摩崖之壽命，集中起來，主要有以下幾點因素。

（1）物理磨損的衝擊，受雨水、河流、風吹、山洪泥石流等造成衝擊磨損。因火山噴發、地震等地質運動導致的崩裂。還有受太陽光照的溫度、周圍氣候的乾濕度，其變化所導致的熱脹冷縮。這些物理性的衝擊，都會導致摩崖岩石發生磨損、變形、開裂、剝蝕。

（2）化學反應之侵蝕，雨水、空氣中所含的酸性物質，氮、碳、硫、磷的氧化物會和岩石成分反應，產生粉末或可溶性的物質。比如二氧化碳和水發生反應，生成碳酸，碳酸再和石灰岩發生反應就會生成可溶性鹽類。另外，二氧化硫和水反應成硫酸，再和岩石如「片岩」中的雲母發生反應，變成可

溶性明礬和砂礫。陽光直射還會發生光化學反應，長期暴曬會使得堅硬的岩石化為疏鬆砂石土粒。這些化學性的質變，對岩石損害亦相當嚴重。

（3）植物、微生物的破壞。岩石被侵蝕之後，形成碎裂損傷和縫隙，若遇上充足的水分和光照，其間極易形成植物、微生物生長的溫床，而滋生植物根系及微生物繁殖都會造成岩體分解。比如《大開通》摩崖就是石英片岩被侵蝕之後，再被生長的苔蘚類覆蓋而層層剝落，刻跡漫漶殊甚，崖面受損極大。

摩崖刻石欲傳之久遠，選址時需儘量規避這些損害因素。尤其是避免物理損壞、化學反應的原料和條件如光照和雨水。縱觀歷代保護相對完好磨崖石刻，其基本都遵循科學選址的三個要素：山崖背陰面、擋雨的遮蔽物、高於河流最高水位線，以減少自然對岩體的侵害。石門石刻摩崖最集中地——石門洞正遵循了這三點，最大程度隔絕了外界對摩崖石刻的損害。

石門隧道開鑿純屬為交通方便，但客觀上卻形成一個類似於後世的石窟的絕佳掩體，使得居於其中的石刻，受到半室內半封閉的保護，不易受到陽光直射和雨水沖刷。《石門頌》《石門銘》等經典摩崖得益於石門洞極其有利的保存條件而流於後世。另外《西狹頌》也就選擇山陰面而凹陷「遮陽帽」來避免日光直射，得以完好留存。還有後世石窟的「窟簷」防雨遮陽構造，在洞窟上方先鑿進幾十釐米，形成突出的窟簷來遮擋雨水，然後再造洞窟，凡此種種，均是考慮到雨水侵蝕影響，避免直接淋蝕窟壁和石窟造像，龍門石窟東山擂鼓臺中洞口，洞窟口陷入山體約 50 釐米，有的除了窟簷，還在外面加木質窟簷，而石門隧道比起鑿刻凹陷等措施，相對更加封閉，有著更為嚴實的保護屏障，而其下臨褒河水且高出水位線數米，也是基於保持石體濕潤不開裂又不被淹沒的考慮。

從石門洞內外石刻保存狀況來看，洞內普遍比洞外山崖間石刻保存完好，原址損毀之前進入石門椎拓時，其石刻依然清晰可識。而處於隧道南山崖間的《鄐君開通褒斜道》摩崖，由於長期風吹日曬雨淋，各種微生物繁殖，生滿苔蘚，老化剝落嚴重，在南宋光宗紹熙五年（1194）三月才被南鄭縣令晏袤發現，將其苔蘚除掉，但不久之後又被苔蘚覆蓋。晏袤在其旁邊刻的長篇題記，也磨損得非常厲害。還有刻在古石門隧道北口上方的《曹魏李苞通閣道題記》，其摩崖的石質和石門洞內部相當，均屬於石英岩，但其置於洞外，庇護不力，崖石崩塌而斷裂，至清代羅秀書發現時僅剩殘刻，且崖面長期受

自然風化蝕剝，漫漶不清。再者，置於褒河水石的《玉盆》，則因爲離水過近，常常被淹沒，水侵風吹磨損殊甚，如今刻痕所剩無幾。由此對比可見，石刻大量集中在石門隧道內的科學性。

就實際操作層面而言，石門隧道也可減輕一定的摩崖整治工序。石門地區石質非常堅硬。開鑿隧道就耗費數萬人之功、數年之力，加之水激火燒而成。若製作摩崖再在別處另闢崖面，無疑又要耗費不少人力物力，因此石門隧道內這種初步打磨的崖壁成爲刻石者極佳選擇。雖然洞壁略帶弧形，但其面大體平整，不必經過太多的整治就可以直接書寫。無形中減少了準備環節的難度。因此石門隧道作爲天然和人工共同造就的石刻載體，摩崖雲集於此，實屬必然。

總體而言，選址關係到一方摩崖的存亡，石門摩崖選址，以交通要塞褒斜棧道爲中軸線，以褒水沿岸錦秀山河爲重要景點，這也成了石門摩崖書刻者歷代共同延續的選擇，其兼具宣傳公示性、環境融合性、操作實用性、科學保護性。其得天獨厚，又兼具人工優勢，故能歷代延續集結成群，亦因其極具經典性與傳播性，故聞名遐邇，經久不衰。

二、石門摩崖的石質獨特性及對刊刻風貌之影響

古人對石刻石材之選擇十分重視。通常而言，越高規格的石刻，所選碑石質地越佳。清代葉昌熾《語石》云：「蓋古人樹碑，必先選石」〔註3〕。洪氏《隸釋》載《漢從事武梁碑》：「竭家所有，選擇名石，南山之陽，擢取妙好，色無斑黃……垂示後嗣，萬世不亡。」〔註4〕泰山《都尉孔宙碑》云「故吏門人乃共陟名山，採嘉石」〔註5〕。皆爲古人擇石材講究的眞實寫照。石材之外觀色澤將會影響石刻整體視覺效果，而其石性則影響刻工刊刻手法及最終效果的呈現，一般來說，「良材」要求顏色美、質地細膩、軟硬合度、易刊刻、宜久存。比如西安碑林中一千七百多件碑刻中，百分之八十以上的石材均爲「富平墨玉」，也就是公認的良石，其爲和田玉的一種，色美質優，烏黑如墨、質地堅緻、溫潤細膩，光潔典雅。名碑《嶧山刻石》《曹全碑》《多寶塔》《玄秘塔》等都選擇這種石材。

〔註3〕 葉昌熾著，柯昌泗評，語石 語石異同評卷六・選石〔M〕，北京：中華書局，1994.418。
〔註4〕 洪适隸釋・隸續卷六（從事武梁碑）〔M〕，北京：中華書局，1985.75。
〔註5〕 洪适隸釋・隸續卷七（泰山都尉孔宙碑）〔M〕，北京：中華書局，1985.82。

　　然而前已論及，摩崖定址時以大體環境而並非局部石質優劣爲首要決定因素，因此不能隨心所欲的使用嘉石，其石材質地取決於摩崖所在不同地域山體，而不同地域的山石，其質地、色澤、硬度、抗風化度皆有不同的特色，因此除了色澤質地給人傳導的視覺感受外，所採用的刊刻手法、形成相應的刻痕風貌也能從另一個角度顯示出各地域的特色。那麼，石門石刻所在地域的石質條件究竟如何，與其他區域摩崖群相比有何獨特性？是否適於刻工刊刻技藝的發揮，又從何種程度上影響石刻最終呈現的筆劃結體等風貌。以下具體探尋石門地區石質在國內石刻摩崖群中的獨特性及對刊刻之影響。

（一）石門石刻群地區主要石質

　　有關石門石刻群地區的山體石質，筆者請教地質專家，並參考陝西省地質二隊「對石門摩崖岩石成分的化驗檢測報告」，知石門摩崖區域地層爲「泥盆系」，形成於距今三億多年的泥盆紀，考察石門被選用刊刻摩崖的石質共有三種：石英岩、片岩、大理岩，均屬於變質岩，關於這三種岩石的質地、主要特徵和代表摩崖，以下羅列說明。

　　1、是石英岩，其爲石門地區最重要也是最常用的石材。石門石刻最大聚集區石門隧道、玉盆景區均屬於此類石質，石門石刻群中最著名的幾方摩崖即：《石門頌》《石門銘》《李君表》《楊淮表紀》，以及大字《玉盆》《袞雪》等都是石英岩質地。石英岩主要成分爲二氧化矽（SiO2），按所含石英比例分類，石英含量大於百分之七十五者稱爲長石石英岩、石英含量大於百分之九十者稱之爲石英岩。據檢測報告顯示，石門隧道岩體中二氧化矽含量大於百分之九十九，顯然屬於極高純度的石英岩。石英岩最顯著特點是極爲堅硬。石英硬度是莫氏 7 度，其表面硬度可高達莫氏 7.5。大於硬玉（翡翠 6.5-7），也勝於鋼鐵（鋼鋸條：6，鋼銼 6.5，雨花石、瑪瑙 7）。另外，石英岩爲變質岩中的接觸變質岩，即石英經變質作用後重新結晶，從而形成粒子間極爲緊密的粒狀變晶結構，（岩石中礦物受到壓力重新結晶）顆粒細膩、結構緊密，性質非常穩定，不吸水，耐高溫。不易發生化學反應，抗風化耐腐蝕能力亦很強。

　　2、石英片岩。以《鄐君開通褒斜道刻石》（大開通）爲代表，石英片岩全稱「硬綠泥石石英片岩」，屬於變質岩中的區域變質岩，主要成分是石英、硬綠泥石、長石、雲母。以石英和長石爲主，總含量大於 50%，分子式爲（Fe++、Mg、Mn）2・（AI、Fe+++）AI2O3（SiO4）2（OH）4。鐵鎂矽酸鹽礦物。這

種片岩成分中含石英較多，因此也比較堅硬，但是，就成分穩定性而言遠不及第一類高純度的石英岩，其成分中硬綠泥石遇酸易起反應，又由於片岩的片理構造特徵，經過化學反應容易成片如「蛇蛻」一樣層層剝落，不利於石刻長久保存。

3、是大理岩。主要代表為《山河堰落成記》，大理岩和石英岩同屬於變質岩中的接觸變質岩，是石灰岩重結晶而成，硬度中等，主要成分是石灰石、方解石、蛇紋石、白雲石。以碳酸鈣（CaCO3）為主要成分（大於百分之五十）。還有碳酸鎂、氧化鈣、氧化錳及二氧化矽等。是石刻中比較常用的石材。不過由於方解石的主要成分 CaCO3 會和空氣中的二氧化碳、水發生反應生成溶於水的鹽類，比較容易遇酸分解被腐蝕風化。因此少數質地比較穩定的如漢白玉之類可用於室外，一般只可用於室內。

石門地區石刻群的三種石質中，以第一種高純度石英岩分佈最廣泛，在摩崖群中使用最多，也最具典型性，這正是石門地區與其他地區摩崖風貌區別的關鍵所在。

表 5.2　國內摩崖主要石質類型及特徵

類型	名稱	代表石刻	特點
變質岩	石英岩	石門隧道（石門頌、石門銘、楊淮表紀等）	極堅硬、難刻、不易風化
	片岩	大開通	較堅硬、較難刻、易風化片狀脫落
	大理岩	山河堰落成記	中等堅硬，易刻、較易風化
沉積岩	砂岩	雲岡石窟	較疏鬆、易刻、較易風化
	石灰岩	龍門石窟	較疏鬆、易刻、較易風化
岩漿岩	花崗岩	泰山、雲峰山	較堅硬、較難刻、不易風化

（二）石門摩崖石質的獨特性以及對刊刻書法風貌影響

考察國內其餘著名石刻群石質，即可發現，其摩崖石刻材料多選為花崗岩（泰山刻石、雲峰山刻石）、石灰岩（龍門石窟）、砂岩（雲岡石窟）。而以高純度石英岩為載體的著名摩崖群，唯有石門地區。其石質條件與其他著名石刻群差異甚大，獨具典型性和特殊性，為石門摩崖的刊刻提供絕無僅有的經典範例。

1、極端堅硬石質，刊刻高難度和獨特風貌

石質硬度、緻密程度、石面光滑程度對石刻藝術風格影響頗大。石門石刻的石質材料的極端堅硬，造成刊刻的極大難度，也是形成石門書刻特殊風格的現實來源。

首先是刊刻的難度。石質硬度越大，刊刻難度越大，以摩氏硬度之劃痕法考量，即用棱錐形金剛鑽刻畫所試礦物表面而以劃痕判定硬度級別，指數越高，代表著在其上劃出刻痕越難。將碑刻、摩崖石質硬度進行比較，從硬至軟的排序為，最硬石英岩，其次花崗岩，然後大理岩、片岩、石灰岩、砂岩。西安碑林的富平墨玉硬度為摩氏 4，軟硬適中，宜於刊刻，刻者可以得心應手發揮。而摩崖石材中如龍門石窟的石灰岩、雲岡石窟的砂岩，硬度不高於摩氏 3，質地較軟，較易刊刻加工，適合於藝術造像。雲峰山、泰山的花崗岩石材，一般硬度也在莫氏 6 以下，而石英岩硬度則高達 7 以上。

可見，石門石英岩在摩崖石質中屬於最為堅硬的一類，故刊刻難度遠高於雲峰山、泰山等地區石刻群。尤其是在古代工具條件下，鑿刻走刀尤其不易，也難於雕刻花紋。現場實驗，以鋼鐵鑿子敲打十五分鐘，只能在岩體上留下一個小白點。另外，其特性硬而脆，力度太小則刻不動，力度偏大又易崩裂。若要體現出筆味那就難上加難。所以，石門石英岩其石質顯然迥異於刻工平素刻得順心應手的石材，無論對哪個時代的刻者都是一種挑戰，需要刻工更強的把控能力和合理的技法選擇。

也正因為這種特殊石質，促使刻工的刊刻技法的重新選擇，同時也造就了石門地區獨特的石刻風貌。實踐證明，石質的差異會造成所刻線條不同的審美效果。比如墨玉質地細膩適中，線條就纖毫畢現、精工優美。石灰岩石質疏鬆亦刻，刻手就容易通過刀刻痕跡展現出十分濃厚的點畫，外部輪廓刻得峻利方整、粗糙大氣。刻在較硬的花崗岩上，點畫就相對峭直且無光滑感。

由於石英岩之硬，走刀之難，使得石門石刻難以形成細膩質地那般光滑清晰的外輪廓，也無法形成疏鬆質地上刀劈斧鑿塊面狀的筆形，故而石門刻石刻工多採用簡省不必要華飾的刊刻方法、保持線條大體走勢的流暢而捨去具體筆形的作風，更少有流滑扭曲之態，不呈現形狀明晰的塊面感，而顯出鑽入石內行於力道「刻畫」線條的感覺，形成細而精勁的書風美感。

也正因這種極端堅硬的質地，加大整治崖面的難度。若要鏟平磨光崖面需耗費人力物力頗大，因此對崖面不可能有過多的精細打磨。一股只能選擇

相對平整的隧道洞體直接書寫，給石門石刻蒼茫效果留下了可能。一般來說，在同一石質上刊刻，石面的光滑程度也影響字的風貌。如《鄭文公下碑》刻在花崗岩上，但碑額部分磨得光滑，則「熒陽鄭文公之碑」幾個字就顯得峭利，碑文部分僅稍加鑿磨，其字就顯得圓渾。石門摩崖比《鄭文公碑》更不加打磨，留有原始山石凹凸起伏的石棱、縱橫交錯的小石花，由此留下更具質樸、蒼茫的大背景，這也是整體書風精細和質樸交織效果的來源之一。

2、抗風化腐蝕性，保存久遠

就摩崖用石中刊刻難易程度和抗風化度比較，一般而言，石質疏鬆易刻的一般也易風化，而硬度大難刻的抗風化度卻好，保存亦比較長久。龍門、雲岡石窟的石灰岩、砂岩，質地疏鬆粗糙方便刊刻，但也易風化脫落，不易保存。大理岩適合刊刻，但戶外遇酸較易分解。石門石刻的石英岩雖極其堅硬難刻，但也有性質穩定不容易被風化腐蝕損毀的優勢。故能保存久遠，甚至能保留原刻最初的風貌。近距離觀察由石門隧道移入博物館內的諸石刻，基本沒有太多的漫漶，石面呈現出來的斑駁，只是刊刻前未將崖面打磨光潔，留下本然粗糙的背景底色，而非後來受風化剝蝕所致。近觀其字口還是很清晰的，也無甚剝落，尤其是《石門頌》《石門銘》，還保留著相當細微的筆意。反觀《鄐君開通褒斜道摩崖》，其刻於硬綠泥石英片岩，被風化像雲片糕一般片片剝落，崖表斑斑駁駁，幾乎找不到一個完好無缺的字跡。而《玉盆》石刻以及後來一些宋代人的題字，位於褒谷南褒水之中的巨石上，潔白如玉，其為含石英量百分之九十九以上的石英岩。不但長期暴露在風吹日曬中，而且水漲則沒，水退則現，千百年來長期受褒水洪流的沖刷，竟然還得以保存沒有被磨光，實乃石質極為堅硬所致。

3、外觀奇美，「色質」剛硬

就視覺效果而言，石材的「色質」亦是藝術效果的一部分。岩石本身的色澤，觀感，影響到人對摩崖藝術形式的審美。傳統的碑刻美石，要求「色無斑黃」，顏色均勻無斑點，比如「富平墨玉」石料細膩光滑、「黑明如脂」，三絕碑「五彩石」，瑩潤光潔的漢白玉質地。唐初刻石如《廟堂》《聖教》諸碑，黝然淡碧，光如點漆，可鑒毫髮，扣之清越作磬聲。形成光潔細膩的典雅「精緻」的美感。而摩崖石質美感則大不相同，以質樸蒼茫為美。如龍門石窟、雲岡石窟的砂岩，呈現風化剝蝕疏鬆、粗糙、蒼茫的效果，體現粗獷質樸的拙美。石門石刻的拓片，也是類似一片蒼茫、漫漶的風貌，甚至被稱

爲「醜石」。然而現場直觀石門摩崖，其石質與想像中摩崖那般顆粒粗糙、質地疏鬆的感覺截然不同，有種迥異奇特的美感，色澤以黝黑、藏青色爲主，放大高清照片會有五彩繽紛的奇麗效果，夾雜著紫色、赭色、橙紅、黃、綠、藍、白等，五色斑斕的石面上，交織著多形凸凹的紋理，質地非易風化開裂的斑駁和滄桑，給人極端光滑、堅硬、緻密的感覺，此乃石英岩獨特晶體結構所致，石英岩內含石英晶粒大致相等並且緊密鑲嵌，體積紮實沉穩，有種緻密結晶體特有的「剛性」，其不同於「富平墨玉」碑刻的細膩緻密、質地精美；也不同於龍門、雲岡摩崖的粗礪剝蝕、質地樸美，石門摩崖的石質整體呈現一種帶有「剛性」的奇美，又因爲無甚打磨而顯得自然無琢，與獨具風格的渾樸、精勁的線條相映成趣。

4、洞內形狀以及水激火燒之複雜狀況

石門隧道石質除了極其堅硬的特性外，還有一個突出特點，就是其並非完全的天然山石，作爲人工鑿山形成的隧道，洞內石質受過開山鑿石時「水激火燒」爆裂的洗禮，痕跡斑駁，亦造成洞內石質的複雜性。

「水激火燒」即後漢書中記載的「燒石翦木」之法，李冰開都江堰離堆、清代賈漢復也記載過此法。這種方式直到上世紀還有採用，方法大致是：首先根據需要開鑿的岩石紋路和節理，確定幾個點，然後生火以使火焰直接觸點，隨著升溫山體發出岩石爆裂聲開始剝落，等到火在岩石上作用到足夠的溫度，迅速向岩石潑上冷水激之，高溫岩石驟然受冷，因熱脹冷縮的作用促使崖石開裂，石工即可用工具捶打敲擊，沿著裂縫開山鑿石。岩石的堅硬度不同，燒的時間亦不同，有時燒數小時、有時數日，開裂也要等數日。因爲質硬的石英岩耐高溫，甚至可作爲煉鋼用的耐火材料，所以「水激火燒」費工甚大，且帶有物理及化學的工序。在一定程度上也影響或改變了岩石內部及表層的結構，使得石門隧道內石面情況更爲複雜。

由於整個石門隧道都是以此方式鑿通，當時僅以裂石開山爲目的，對岩體內部結構損傷無法顧及。據記載，這種方法能使岩石酥裂，燒酥的岩體表面大部分在開鑿時被敲掉了，但在隧道崖面留下布滿或大或小的鑿紋和裂紋。既有天然的，也有水激火燒留下的痕跡。而洞內各個部位的硬度、酥裂程度也各不相同，常出現某局部塊面無比堅硬，另一局部塊面酥脆易崩的現象。這是其他摩崖所未有過的複雜情況，更增加設計的空間把控和實際刊刻的難度。

總結：石門摩崖石質的高硬度、穩定性，複雜性以及奇美外表，形成材料的獨特性。結合上一章來看，石門石刻在書法史上所留下的最經典的石刻——《石門銘》《石門頌》，恰恰是在石門地域所獨有的特殊石質——石英岩上產生，正是這種堅硬緻密的石質、天然無琢的崖面，自由遒勁的刻痕，形成了石門石刻書法簡約而圓渾、細勁而放縱、典雅又野逸的特殊風格，為石英岩石刻群的刊刻提供了典型範例。石門在國內摩崖群石質中具有獨一無二的典型性。而其刊刻難度之大、石面情況之複雜，更需刻者非凡的刻石技術和書者默契配合，隨機應變，靈活運用，才能奏刻出精美石刻的華章。

第三節　石門摩崖形制與布局特色

與嚴肅規格的碑刻相比，摩崖的版式與設計，並無嚴格框束之規，歷來具有相當大的自由度，既可借鑒各時代其他書刻載體之版式，又可進行見縫插針的隨意布局，達到能兼顧實用的需求，又能形成與自然和諧的美感。縱觀石門摩崖的形制與版式布置，明顯呈現兩極分化，一類為自由隨意，多為遊記題名，隨性而發，亦無定型，排列也粗率隨意，有關這一部分本節就不過多涉及。另一類是形制比較講究的摩崖，這種大型鴻篇巨製多為重大交通紀念而生，其形制、版式均有講究，體現出摩崖對同時期成熟碑版形制的借鑒，在具體布局應用中也體現出匠心獨運，因石因勢而變。一幅成功的摩崖碑刻，體現著設計者嚴肅而自由的空間布白觀念，以及臨時從宜、統籌全域的能力。本節即探尋這一類石門摩崖形制設計方面的獨到之處。主要就兩方面進行研究探討。第一是對同時代典型碑刻的借鑒與發揮，第二是應對石門崖面實際情況的靈活處理。

一、對同時代成熟碑刻的借鑒與發揮

（一）整體形制、文字排布的仿碑傾向

石門漢魏長篇摩崖的形制，多借鑒同時代成熟碑版石刻的形制，並因地制宜地加以靈活設計。由於其用途多為紀念國家重大事件，因此形式也相應吸納成熟碑版嚴謹莊重等元素。說起碑的形制，其實亦是從無到有，並逐漸發展成熟。最早的碑只是無刻字的豎石，東漢末年，才將其形制基本固定，東漢晚期的桓靈時期為漢碑成熟時代，碑的形制亦發展得相當成熟，之後碑

更是成爲所有石刻文字的統稱，統領所有刻石，而此時期及之後的石門摩崖
形制設計很大程度上亦是向成熟的碑形靠攏。

　　首先是整體形制的大輪廓。現今留存於漢中博物館陳列室的漢魏摩崖刻
石，是建國後從隧道內外鑿下遷入，從這些分離山體的摩崖刻石的輪廓來看，
其最初設計多借用碑的形制，東漢初年，石門首方摩崖《大開通》誕生，其
形制爲橫式布局，緊接著是東漢末年桓帝年間的《石門頌》摩崖，一改《大
開通》的制式，變爲豎式規整之形制，其後除《石門銘》外形近方外，《楊淮
表紀》《李君表》等形制大輪廓均呈現豎立長方型，大體形制和規整布局與各
種漢碑、魏碑相仿。其中《石門頌》《李君表》還具有漢代典型碑石的風貌，
由碑額、碑身兩個部分組成。（如圖 1.18、1.19 所示）《石門頌》最上方居中
的「故司隸校尉楗爲楊君頌」及《李君表》的頂端大字「表」顯然是擬碑刻
中碑額版式而設計的。此應是書佐將平素經手碑的形制引用於摩崖。從一側
面反映了成熟漢碑的形制對摩崖的布局之影響。

　　石門摩崖在具體文字版式方面，也多吸收成熟碑刻行文的秩序感，尤其
是漢碑、魏碑成熟時期，石門兩方最大規模的摩崖《石門頌》和《石門銘》
的版式，並不是隨心所欲進行自由散布，參差錯落，其行列布局皆貫徹碑版
一定之準的理念，儘量遵循著行列對齊的秩序，只是遇到石質條件不允許才
進行挪移調整。如《石門頌》摩崖，各列皆分明，橫向也儘量做到對齊，每
列字數也一般保持一致，若爲滿行基本都是三十字，相差不過一二字。整體
觀之具有漢碑版式之嚴整，只是沿著石勢波動有著輕度偏移和微妙錯落。另
一以章法自由著稱的《石門銘》，在石質較爲平整之局面字陣秩序感亦強，比
如前七行，也都儘量做到了橫豎行列對齊的排布，只是中間八至十七行由於
石面起伏、石棱裂痕嚴重，導致行列打破秩序，行與列隨勢及形遷移扭擺，
到崖面後部分十八行開始又逐漸調整恢復爲一定的整齊度。且無論如何遊
擺，基本每列保持二十二字。可見設計之初並不是有意將字裏行間打亂形成
參差錯落，而是在盡可能有秩序的布局前提下，根據石面條件所限做出的調
整，達到動態的平衡。觀其崖面正文布白的大局，甚至比《史晨》《張遷》等
碑的版式處理還更注重秩序與平衡感。《史晨碑》《張遷碑》《白石神君碑》都
有右邊滿溢、左邊空隙過大的問題，由於從右邊開始排布，行文到最後，大
片空白不加處理導致末行和左邊空隙過大，《史晨碑》末行行文結束之後留下
大量空白，《張遷碑》也是如此，常會出現碑面左邊留白過多，與右邊滿排文

字不平衡的情況。這涉及到碑面預先的合力統籌。《石門頌》以碑額爲正中，左右兩側行列相當、皆有留白，視覺上形成穩定完滿之感，具有不亞於廟堂中精心雕琢莊嚴而宏大格局的碑刻。

（二）相對於碑的變動與對其他載體的吸收

石門摩崖對碑版形制借鑒明顯，但這種借鑒並非完全照搬移植，而是有著摩崖臨時從宜的機動性，往往在保留碑的大體形制輪廓前提下，根據實際情況對具體細節問題進行大膽的摒棄和合理的變動，更有對當時其他書寫材料如漢簡版式的吸取。比起碑刻來說，有著相當大的自由度。

1、碑額字體與刻法。一般來說，碑刻的碑額部分字體會更加莊重一些，刻法也和正文有異。比如，碑版的碑文字體爲隸書，碑額多採取篆書字體，且以方正的篆體布滿碑額，起到比碑身文字莊重醒目的作用，如《鮮于璜碑》《張遷碑》其碑額部分均是篆書，《西狹頌》摩崖的「碑額」部分「惠安西表」也是篆書。少數以隸體爲碑額的碑如《衡方碑》（圖 5.1）碑額「漢故衛尉卿衡府君之碑」二行十字，也採取了和正文陰刻不同的陽文刻法。而《石門頌》《李君表》等石門摩崖中的「碑額」部分，只是以字形變大，來昭示作爲碑額的醒目之意，除了字略大一些之外，字體卻與正文的統一的隸書書風一致，瀟灑縱逸，並無有意造型向篆書靠攏的趨勢，刻法也沒有改變，依然是細勁的陰刻，甚至因位於高處刊刻艱難，刻痕比正文還要細些。因此雖然具有碑額形制卻對字體、刻法從簡處理。沖淡了碑刻的莊嚴感，略具碑形而不拘一格，不失自由的特色。

圖 5.1　《張遷碑》《西狹頌》《衡方碑》之碑額

2、純文字質樸無花紋，石門地區所有摩崖石刻都保留著質樸無華的純文字形式，摒棄碑刻的裝飾花紋。一般的碑在碑額左右、碑身和碑座底部、頂部、左右多有紋飾，如《鮮于璜碑》碑額兩側刻青龍、白虎，碑首陰面刻朱雀，以四神圖像作爲裝飾；《西狹頌摩崖》的碑額右下方刻有黃龍、白鹿、嘉禾、木連理、甘露降及承露人的五瑞圖。而石門摩崖對紋飾方面並未不吸納，隧道內外百餘方摩崖，竟沒有一方刻有多餘圖形紋飾，也未見雕刻造像。均爲造型簡單、樸實無華狀態，筆者認爲這也是爲了適應石門洞內外極端堅硬石英岩石質，不易雕刻紋理的實際情況。由此也形成了石門區域區別於其他地區摩崖群獨特的純文字記功的簡約、質樸之風氣。

圖 5.2-1　《西狹頌》裝飾之五瑞圖　　圖 5.2-2　《鮮于璜碑》碑型及
　　　　　　　　　　　　　　　　　　　　　　　　裝飾圖案

3、自由爛漫的簡牘之風，石門摩崖石刻的布局並不局限於碑之規格，也有著對其他書寫材料的借鑒。比如，提起石門漢隸摩崖布局之特徵，除了具有成熟漢隸碑版形制，不能不提到其對當時另一盛行的書寫載體——漢代簡牘的借用，書寫摩崖的書佐，日常面對的公文大多都是書簡，可以說書簡書寫形式比碑更爲熟悉，因此將簡牘的形式在石門摩崖的布局中滲入的傾向也很明顯。漢簡是當事人的日常書寫，因此比起漢碑的嚴整，別具鬆快的風情。簡書寫在窄竹簡上，所以縱列分明，但橫向多不會刻意進行左右字的對齊，通篇行列之間或完全參差錯落，或左右對齊中略帶錯落風致。觀石門摩崖中，《石門頌》的題名後記部分，《楊淮表紀》《李君表》的縱有列、橫無行式的布局。無不是來自漢簡布局的典型特徵（圖 5.3-1）。漢簡中不時有縱情拖長的筆劃（圖 5.3-2），《石門頌》用以調節篇章布局的「命」「升」「誦」等字放縱迤邐而下的「長尾」筆劃，更是日常簡書的書寫習慣的隨機應用（圖 5.3）。正是這種兼取而不拘泥的開放思路，使得石門諸刻能在對同時代碑刻的借鑒

中，又脫出碑版之嚴肅而獨具天眞爛漫之風。

圖 5.3-1　簡書《武威漢簡》　　　　圖 5.3-2　居延漢簡

（三）摩崖單面布局，附加、補充信息與正文的和諧

　　碑的碑陽、碑陰、兩側均可刻字，碑陽刻正文，碑陰及碑側一般刻發起、負責人之姓名、捐資人及錢數。《禮器碑》四面皆刻有文字。碑陽 16 行，碑陰 3 列，左側邊刻 3 列，右側 4 列。《衡方碑》碑陰存題名二列，《曹全碑》碑陽 20 行，碑陰 5 列。相比碑刻，摩崖只有一面可以刻字，要在僅有的一面中安排所有信息，其正文部分借鑒碑之布局形制，但有關題名、後記等正文之外的附加信息（碑中置於碑陰、碑側）需要摩崖設計者進行能動的發揮合理安排。石門摩崖處理方法是採取壓縮這部分內容，將其統籌併入正文，事先納入設計的框架。如《石門頌》末尾提名部分，在正文結束後另起一段，低於正文兩個字，列在正文後面。一般而言，碑刻正文書風比較莊重，而碑陰書風一般比正文要自由率意些，而石門摩崖末四行屬於正文之附加，雖安排在正文旁邊，書風卻也相應具有一般碑刻碑陰率意的特點。字比起正文稍小且間距緊湊擁擠。《石門銘》的題名部分也是列在正文末，同樣也比正文低四個字，字略小且緊湊，風格也相應的比正文自由流動。如同「落款」一樣，使得整體達到一種恰到好處的平衡。相比碑刻，摩崖還有一個特殊之處，就是常有正文之外不時添加補充內容。摩崖不像碑石按規定固定切割好石面，摩崖正文書寫後，如需要添補內容，還可隨意向旁邊崖面延伸。自由添加的形式，以不破壞主體版式平衡爲要。比如《石門頌》末尾三行有關王升的功績，顯然是與正文不同主題的「後記」，爲了不造成左邊過重的負擔，雖然字比起題名部分稍大，但比起正文還是略小些，且字間距縮小，末列只有兩個字「然爲」留白過大，因此在其下空六字所書最後一句「伯玉即日徙署行丞

事守安陽長」等字和正文等大，則是爲了補末行留白，形成整體的平衡。而《石門銘》在完工之後，工程主辦者心血來潮又想增刻一段後記。於是以小記的方式直接添加其旁即《石門銘小記》，其和主體《石門銘》既相分離獨立又合爲一體，也不破壞《石門銘》主體，而起到點綴輔助、互相映襯之作用，這也體現了石門摩崖布局獨有的開放與靈活度。

二、崖面實際情況的靈活處理

摩崖的崖面實際情況決定著布局設計的難易程度。石門摩崖石質堅硬、打磨不精，石面保留著天然凹凸不平的棱面，又因爲受到過「水激火燒」之創，鑿紋裂痕遍佈，其石面複雜程度已極大影響著正常布局。若想在此條件下形成和諧篇章，設計者需針對難題一一化解。石門摩崖章法的自由爛漫，其實是設計者對石面極端熟悉並統籌全局、隨機應變的結果。因此以下著重探討石門摩崖的書丹設計者面對石門摩崖獨特艱難困景，如何從大局著眼，局部著手進行設計。參見：《大開通》（圖 5.5）《石門頌》（圖 5.9）《石門銘》（圖 5.17）

石門摩崖多是直接書丹上石，章法看似瀟灑自如、隨心所欲、信馬由韁。但這並不意味著實際的簡便輕鬆，恰恰相反，對書丹者來說是一種極大的挑戰。只要將自己代入石門摩崖設計者身份進行換位思考，即可明白，面對石門隧道崖面的複雜條件，設計的難度和所要考慮的問題比傳統碑刻要多得多。一方打磨精細石面完好的碑，只要算計好字數、按碑石尺寸，橫平豎直對齊佈陣即可。假如所面對的崖面雜亂無章、變化多端，則會造成對原初布局設想實現的障礙。再加上其字數頗多、形制巨大，統籌起來就更加困難，若要達到完美和諧的效果難度非同一般。可以看出，作爲重大工程的紀念，負責設計書丹的書佐的初衷並非想造出歪七扭八、亂石鋪街的章法。而是有意遵循莊嚴碑版縱橫有列的布局思路，然而看《石門頌》《石門銘》原石背景就可發現，其客觀存在大量石花裂紋，造成了布局的層層阻礙，設計者依然能將數百字的長篇銘文排佈在條件如此惡劣的石面上，並達到和諧完滿、恰到好處的效果，這絕非表面所呈現那般輕鬆，而是實地考察，深諳崖面紋路、石勢起伏、各條裂紋走向，胸有成竹，在書丹上石時靠巧妙的騰挪、跳躍來化解種種難題的結果。石門摩崖設計者主要化解的難題是避開深入山體的裂痕、起伏凹凸的石勢對字跡的破壞。筆者認爲其主要運用以下幾方面措施來

進行處理。

（一）騰挪位移、巧妙避讓

這是石門摩崖排布中最主要採用的方法，首先確定崖面幾道大裂紋和大石棱，然後以各種措施盡可能巧妙的避開這些大石棱、大裂紋。主要是靠段落、行距、字距以及字跡收放排列進行調節，儘量不要讓字跨在這些裂紋上。

整行分隔法，找到最大最長的縱向裂紋，以行距的分離最大限度的避開無法排字的部分，比如面對《石門頌》右上角的斜向大裂痕，在設計時根據文意分段以避之。即第一段在第二行第三字「充」結束，正好在裂紋主體所在的正上方停住，下面留大塊空白不寫，而自「高祖受命」開始另起一行，「命」字在裂紋右邊，末筆拖長筆劃大約兩個字，下面又空兩個字的距離，直到裂紋結束才繼續「興於漢中」，以此將整條裂痕避過。而十六、十七行之間的縱向特長裂痕，則以兩行微微分開輕鬆規避。《石門銘》摩崖石面之石棱，裂縫比《石門頌》更大更多也更深，尤其是九至十一列之間，跨越三列的大石棱，最嚴重的是導致第十一列末尾九字只能在夾縫之間跳躍游移，二十二、二十三列之間裂隙長達一百七十五釐米豎穿全石。完全無法刊刻，因此也採取調整這兩列之間的距離，使這兩行分隔開大約一行的空隙，以規避這一大裂紋。

局部位移法。除了對大裂紋採取整行列距離的調整，石門摩崖中更多的是進行局部位移。比如橫向裂紋，多以拉大字間距，甚至空出一個字的距離來避免和裂紋碰撞。比如《石門頌》，三、四、五列中段的「出」與「散」、「凡」與「此」、「夷」與「虐」之間，皆空出半個字的位置以避開橫向的裂紋。《石門銘》的十八到二十二行，加大第七字和第八字的字間距，八到十四行，加大八字和九字的距離，都是爲了規避橫向裂痕。

對於縱向裂紋則以左右挪移避開。這一點在《石門銘》中表現得尤爲顯著。不拘泥於列的垂直，而是一遇到縱向裂紋就順著紋路挪開，很少讓裂紋穿字而過，因此多有字隨著裂紋蜿蜒而下的現象，呈現出左右騰挪的扭擺奇趣。十行後半段「創舊路釋負擔之勞就方」、十八列前七字「富實百姓息肩壯」爲避開裂痕紋路，皆順著裂紋略向左傾斜。十七行先是「利紲綿罽氍之饒」數字居於縱向裂紋左側，而由於下半部分裂紋向左歪斜，因此接下來的「充牣川內四民」幾字便移動到了裂紋右側，這樣分居裂紋左右，完全打亂了列的垂直對齊。而正因爲排布中這種非常明顯的「躲避」意識，側面證明這些裂紋是刻前本來就有而非後期開裂。

（二）因勢賦形、跳躍遊走

面對極端複雜的崖面情況，實在無法避開，比如一整塊面都是突出石棱，或挑選相對平整部位順勢造奇趣，或遊走於石棱間進行跳躍穿插，因勢賦形。

比如《石門銘》中，位於九到十一行「已南開創舊路，釋負擔之勞，就方軌之逸。詔遣左校令賈三德，領徒一萬人，石師百人，共成其事」一段石麵條件最爲複雜，崖面有一整塊布滿縱橫交錯石花的梯形大裂縫，因面積寬大無法避開，則迎難而上，『德』字刻在小塊石棱上，『領』字刻於石花交錯夾縫中，尤其是「万余石師百人共成」處於石花斑斕之處，其遊走於石棱間進行跳躍、扭曲、穿插。左側「精解冥會雖元凱之梁河德衡之損」則避開這部分整體略微左移，此外在岩石起伏凹凸狀況下，順勢而行，有些地方石棱突兀而出，字則直接騎在突兀而出的石棱上，有的一半處於凹面，一半處於凸面，則大膽將字橫跨高低兩部分，形成字的形變，如：「南北各數里」的數字；如：二十四行的『秋風』二字，第十三行第二字「未」第九行「邊」、十四行『廻車』二字，有數道石裂形成夾縫塊面，石花交錯處，字就鑿於其中，形成局部妙趣。

（三）統御整合，動態平衡調節能力

摩崖設計者有著對字陣的調整把控能力，爲了規避現實裂紋而扭曲挪移、順應石棱而跳躍遊走之後，被打亂的行列整體布局並不是一味的恣意亂下去，而是通過調節整合，再度回復到相對秩序的平衡狀態（圖5.10）。

《石門頌》在字陣動盪之後往往通過調節逐漸歸於平靜。看似秩序井然，中間卻時不時冒出一些與眾不同的異樣的節奏和錯落，而在打亂秩序後，又會恢復秩序，然後再略微打亂秩序，再恢復平衡，一直處於這種循環的動態平衡之中。以十行與十一行爲例，這兩列一開始是左右基本對齊的，十一行第三字「建」比右邊「從」略長，下一個「和」字立刻壓扁和右邊對齊，而之後第十一行每個字都比第十行略扁，左右逐漸由對齊，逐漸傾斜，到了第十六字，由於第十列的「功」字突然拉長，左右終於失衡，不再對齊而呈現錯落狀態，左高右低，再下去四個字第十一列第二十字出現了「升」字，末筆拖出長尾，一下又和第十行的「敝」拉平了，接下九字直到末尾，兩列左右字又恢復對齊。排布始終處於不斷微妙調節的動態平衡中，似乎很有秩序，又不知何時將積累的平衡打亂，然後又經過調節歸於平衡，自由而又有著統御之力。

　　《石門銘》布局的起伏相比《石門頌》則明顯激烈得多，但也是通過統御調節，使得石面布局有一種整體起伏感，其前八列排列相對整齊，狀態偏靜，秩序感較強，中間九至十七列布局由於石質情況突變而極盡騰挪跳躍，將原有格局完全打亂，顯得飛揚跳脫、動感十足，而之後十八至二十七列又由中間的極度動亂逐漸將行列從扭曲狀態「扳正」，恢復相對平靜。形成由靜──動──靜的節奏變化的律動感。而在變動中，每行的字數基本保持不變，構成通篇奇妙的和諧。

　　石門摩崖形制及布局呈現出向同時代成熟的碑刻形制靠攏的傾向，而又不拘泥於定規，因地制宜的加以吸收和改變，有著摩崖獨有的自由特性。而在面臨地區石面特殊難題時，更有著靈活機動的統籌、創變與發揮。既具有廟堂之肅穆莊嚴之底色，又靈動不拘，奇變橫生。看似一派天眞，實則無一不體現石門摩崖設計者經過深思熟慮、統籌謀篇、大膽發揮的絕妙匠心。

第四節　石門摩崖刊刻與時代遞變

　　刊刻是摩崖石刻的最後一個步驟，卻也是最重要環節之一，由刻工以刀將書丹成果固定於石面，最終定型並流傳於後世，即是歷代觀者所見之最終風貌。石門石刻在石刻書法史上享有盛譽，其極高的藝術造詣正是來源於書者與刻工之間的默契配合。石門摩崖群無論在數量、質量等方面，無疑都是石刻書法史上一座難以逾越的高峰。因此本節即探討歷代石門摩崖刻者的刊刻技藝。首先討論刻者如何面對地域特殊石質與崖面，擇最優化的操作方式，形成一套與其他摩崖群相異的獨特刀法系統。其次，縱觀千年石刻藝術的發展軌跡，歷代石刻由原始的單刀鑿刻，發展爲單刀或雙刀（U、V）與複刀修飾結合，再到刀循筆意的極致表現，終至程式化與粗率。其發展經歷了初興、發展、興盛、衰落四個時代的變遷，刊刻技藝的一脈相承與不同時代階段的變化過程值得探究，尤其石刻興盛時代的傑出優秀刻工如何心手合一，將刊刻之「技」上升爲令後世仰望的石刻工藝之「道」，更是本節所要探尋的主題。

一、因地制宜、獨具特色的刊刻刀法

　　刻工的刊刻技藝水平是決定一方摩崖最終成敗的關鍵因素。石門摩崖的刻者爲石師，在古代屬於「百工」的一類，從事職業屬於一種「技藝」，爲了

技能傳承的穩定性，在當時曾規定刻工群體不許移居、改行、也不可入學讀書，只能世代傳承技藝，使得古代刻工形成一個相對封閉的群體，地位比較低下，在石刻上留名也非常少。但正是這些工匠的技藝，決定著一件石刻流傳後世的最終面目，在刻工群體中，技藝自然有著高下之分，既有專為皇室、上層精英作業的高手，也有為下層民間服務的劣手，所刻出的效果也是天壤之別，或刀法不精使筆劃軟弱乏力，或刀劈斧鑿痕跡過重失去筆情墨趣。而良刻則能以纖微畢現的刀功再現書寫之筆意，甚至可彌補書寫上的某些不足而勝於原書丹，其中技巧高深者可達到書刻雙絕，由技及道之境界。

筆者認為，可稱為優秀的刻工，即能根據石材的情況，採取最優化的處理模式，將書者的書丹效果以最合宜、最具表現力的方式呈現。在技藝精熟到一定程度之後，刀筆合一，與書者無間配合，將書丹行筆的提按頓挫、輕重疾徐以刀完美再現，呈現出書刻合一的「筆味」，如此，將「技術」上升為「藝術」，再由「工藝」上升為「藝道」，猶如庖丁解牛，達到不見刻者，刀、石、書，渾然一體的絕妙和諧狀態。親臨石門摩崖，筆者認為，不同時代的刻工，面對石門地區崖面的艱難複雜石質條件，如何選擇最適合表現原書意趣的刊刻方式，在濃重的石味中展現「筆味」，這是衡量刻工水平高低的試金石，也是技藝上升為道的關鍵。

古人鐫刻刻石的工具有鑿子、棱錐、錘子、刻刀等。由於未曾見過記載石門摩崖具體刊刻工具，只能根據現今留存石面的刻跡面貌，力圖判斷當時奏刀的狀態。縱觀國內摩崖群之刊刻，就大體而言，刻法相對粗放，對書丹者筆意的輕重提按等變化細節表現，比起打磨光滑平整、石質細膩易刻的碑石要捨棄許多。從各地區摩崖的刻痕來看，刻法有多種，分為單刀和雙刀，雙刀中具體根據刻痕形態又可分為竹尖底「V」形、罐子底「U」形、升子底「⊐」形、海底鎮沙（多用於大字陽刻，尖頭小錘點敲，積點成面，敲掉字外多餘部分，將字突顯出來）。無一不是根據實地條件，比如石質的硬度、石面光滑度、時代工具條件等選用相應刀法，從而形成各地相對統一的刊刻模式與風格。在本章第一、二節中，已論及石門摩崖刻手所面對複雜的刊刻條件：石門洞內光線的昏暗、刻工置身腳手架懸肘單角度刊刻，崖面起伏坎坷的客觀因素，石質超乎一般至堅至脆的高純度石英岩，外加「水激火燒」石棱凹凸、裂隙交錯。綜合形成超出一般摩崖的艱難複雜的操作環境，普通工具難以走刀，精刻筆意更難形成。而拓片筆劃又多呈現出如錐畫沙的細線條，

似乎其刀法不甚講究只是單刀刻畫。然而縱觀歷代石門摩崖之原石，即可發現其刻痕狀態絕非單一，所呈的線條，質樸而豐富，細勁而不乏精緻。既有單刀的率意圓融，又有著精微雙刀筆意的細節呈現。筆者認為，石門摩崖獨特刀法系統，是以單刀取勢，（細口 U、V）雙刀精刻，複刀修飾，多樣結合的刊刻模式，特異於其他區域摩崖，展現出獨特的風采。

（一）古法單刀取勢

相對其他地域摩崖的粗渾塊狀的線條，石門摩崖大量使用單刀直刻之法，形成刻痕極為典型的細勁圓渾，刀勢流動之整體特色。

單刀是一種比較古老的刊刻方式。以小口鑿刀從中間直入，線條呈現出自然崩裂剝蝕狀態，此線條並非一次完成，而是線線相接而形成某一筆劃，起收處不作修飾或稍作修飾，無刀削切的方峻，刻痕呈現出深而細的圓勁內含狀態，如魏錫曾《續語堂題跋》中記述《三老諱字忌日記》的刻法「推鑿而成，鋒從中下，不似他碑雙刀。故每作一畫，石膚坼裂如松皮」〔註6〕。這種刻法忽略具體的筆形而保留筆道的走勢，簡約而縱逸。應合其石質堅硬、粗礪崖面等條件的需求。石質方面，一般來說，石灰岩、砂岩等較易刻石質，多用切削鏟刀之法來表現筆劃輪廓形態，刻痕相對較粗。而越是堅硬的材質，刊刻的刻痕越細，石門摩崖的石英岩非常之堅，一般的刊刻工具難以運刀，故而不宜用一般石質的平直斜削、切削的鏟刀法，而力求加強刊刻工具對極端硬質石材表面的施壓，筆者推測採用的是小口刻刀，直刻深刻方式。尖錐形的刀具鑽入石面依筆道行進，以單純的線來表現字的走勢。同時為適用於打磨不精石花遍佈的粗礪崖面之蒼茫，不過分追求細部，保留大勢存其梗概，即前文所言《石門頌》書法波法「捨形留勢」之來源，即是由於刻法選擇，不對雁尾波形作過多修飾，而是直接單刀尾部略向上走刀。還有《石門銘》中混同諸體，類似篆法的圓渾狀態，也是由於其中依然保留單刀古法，由此產生獨特的自然而率直的意趣。

這種刊刻特點使筆劃泯滅典型筆形特徵、少有刀劈斧鑿的痕跡，也無多餘華飾。圓渾而細勁，雖則簡約，表現出來的筆勢很強烈，刀在石上游動感明顯，其筆劃，不以平直硬板的「刀形」來突出，而以圓渾流動的「刀勢」來彰顯，將刀勢和筆勢合一，具有一種精勁動感。對比採用雙刀「凸底」刻

〔註6〕 魏錫曾，續語堂題跋〔G〕//石刻史料新編，第三輯第三十八冊，臺灣：新文豐出版公司，1986.394。

法，泰山《經石峪石經》等摩崖石刻，刻痕呈上寬下窄、底部平坦的倒梯形，呈現的是粗渾筆劃重「形」的立體感與塊面感，石門諸刻其刻痕更重線條之「勢」，具有單刀入石的深刻感，自然成勢的隨意和恣肆，猶如「錐畫沙」效果。但凡刻在石英岩上的石門諸摩崖，各時代、各字體，不止在早期以石刻技藝單刀爲主的《大開通》、一直到石刻雙刀技法成熟、刊刻工具進步的漢末、魏晉的《石門頌》《楊淮表紀》《李君表》《石門銘》，都可見到這種單刀刻法的大面積使用，呈現出地域一脈相承的藝術效果。對比其他地域如泰山、龍門、西狹、郙閣等處摩崖，石門摩崖屬於極爲少見的整體刻痕呈細勁簡約傾向的摩崖群體。不但是書丹者的表現，更是刻工刀法的選擇與發揮。

（二）複刀修飾之精

石門摩崖之刻法獨具單刀之「勢」，更採用其他地域所少有的「精刻」刀法。細觀各時代石門摩崖刻痕即可發現，除了《大開通》外，隨著刊刻技術的進步，之後各時代的摩崖中均具刀法的豐富性，即在單刀取勢外，大量引入雙刀複刻，以多種不同的刻法對刻痕細節進行精微修飾，因此與純粹單刀刻成的《萊子侯刻石》之類的刊刻風格有明顯的不同，其無粗率和崩裂感而體現出圓融和精緻，更在摩崖中保留書丹者的筆味。由於石門褒斜道工程在當時國家具有重要地位，各時代（尤其是漢魏）負責此刊刻的刻工技藝均處於上游水平，隨著時代工具進步和技藝的提高，這些工匠已不止滿足於以單一的單刀直刻呈現出筆道大體走勢，更盡可能以嚴謹的精神吸納時代成熟先進的刊刻方法進行細節的雕琢。石門摩崖的石英岩雖堅硬且凹凸不平，但其緻密晶體的穩定結構，不但有利於長久留存不被磨蝕，而且從另一個角度成全了刻痕筆劃的精微度，因此，石門摩崖所採用雙刀刻法也區別於一般粗筆道摩崖的雙刀，比如龍門石窟造像記，刻工面對粗質砂石陽面，刊刻使用平口寬刃大刀具，以雙刀平刊法刻成，直來直去難以迴環，形成方折堅硬，刀味遠大於筆味的刻痕。而石門摩崖刻工雖奏刀在粗略打磨的斑駁石面上，採用的依然是以小口刀具，在單刀之外兼用適宜精工碑刻的雙刀技法，刻痕雖細但不乏筆意的精緻，更有著對書丹原始筆意的忠實還原，甚至予以超水平的呈現。石門石刻書風中的筆味和精緻感與刻工在單刀基礎上兼用複刀修飾緊密相關。

石門摩崖中雙刀法刻痕主要有如下兩種：

V 型刀口，「雙刀 V 底」之法。此法從字的內線下刀，向邊緣斜切，刀

隨筆轉，刻完後會在刻痕中間留出一條「筋」。這種「內線下刀」的斜刊法能儘量保持書丹原形、忠實於原作不易走樣，是著名的漢碑至隋唐的唐碑採用的最普遍的方法。

　　U 型刀口，「雙刀 U 底」之法。此法以雙刀直刻勾出筆劃，後用 U 形小鏟刀將刻痕內多餘部分剷除，再將底部打磨形成橢圓弧狀「U」形截面，字口較深。比如《石門銘》就普遍使用此法。這種精細的打磨都有賴於工具進步和技藝的提高，非方頭平刃的鑿刀所能完成。

　　由此，以「單刀直刻」「複刀修飾」「雙刀 V 底」「雙刀 U 底」「片面刀」等數種用刀模式的交替使用，打破單一刻痕的單調性，營造出筆劃形態的豐富性。前文所言《石門頌》的雁尾波磔處理多採用捨形留勢的單刀法，但細觀之，卻並不一概如此，在某些字的雁尾處理上亦時不時用上複刀修飾。通篇觀去，波磔不單一，既有單刀取勢的簡約波勢，兼有雙刀精修的肥厚雁尾，二者形成反差，並穿插於篇幅，筆劃形態也由此自然豐富起來。

　　同時，這種複合的刀法，比起單刀直下刻痕的勻一，更能體現書丹原貌中筆意的一面。有時單刀為主，局部輔以打磨切削之法的修飾，形成縱橫交界處、雁尾、捺腳等筆劃細節刻痕的角度、深淺、輕重、虛實之轉換，呈現出自如、靈活、精緻的筆意。以此種刻法所刻的《石門銘》，歷來為世人所重，其富有筆意的「圓筆魏碑」，刀性「隱沒」，區別於龍門等石刻的「方筆魏碑」之刀性「顯露」造就的雄強凌厲，方整斬截，顯得含蓄內斂、深沉高妙。一方面是單刀圓渾所致，另一方面是 U 形走刀精刻，忠實再現書寫痕跡的結果。石門摩崖相比一般摩崖針對粗崖面採取粗刻法，反其道而行之，以對粗崖面的雙刀精刻，更形成蒼茫底色中含有精微的刻痕，帶有強烈對比度的刊刻特色。

　　綜上，石門摩崖的刊刻方式特點：採取小口刀具，單刀直刻取勢和複刀精修相結合的刀法。追究其因有二，一是為了適應地域堅硬斑駁、大量採用單刀直刻入石、捨棄筆形多餘華飾，保留大體筆勢的動感，刻痕趨於細勁簡約。其二由於石門為紀念國之大事的莊重性質、刻工的高超技藝水平以及石質極端緻密不易磨蝕的特性，儘管面臨石質條件不易，但依然縱使多種雙刀精刻之法，在粗糙崖面上對筆劃加以精雕細鑿。展現出刻痕的多樣性和筆墨書寫意趣，因而蒼茫中不乏精緻，精勁中不乏豐腴。總之，石門整體石刻以兼具有單刀直刻的強大勢能和雙刀（U、V）精刻的精微筆味特徵，特異於其

他地區僅用「一、V」等刻法，注重刻痕之形的摩崖。石門地區書風既縱逸又
精緻，典雅與野逸交織，很大程度上得益於石門摩崖的特殊性，以及刻工刊
刻刀法的獨特性。

二、石門摩崖刊刻技法發展之時代遞變

　　以上已論及石門摩崖刊刻技藝的整體特徵。縱觀千年石刻藝術的發展軌
跡，即可發現，其刊刻風格形成是一個不斷發展演進的過程，由早期摩崖的
單刀鑿刻單一的刻法，發展為單刀為主雙刀修飾，再到單雙複合刀法達到筆
意的極致表現，終至石刻衰微時代的程式化與粗率。刊刻技法從東漢到民國，
可分為兩個發展階段，即漢、魏上升期，經歷了初興、發展、興盛，宋代、
清代衰落期，漸趨平庸程式化。在同樣的石質下，這種石刻技藝的興盛與衰
落的變化與不同時代的文化背景、刊刻工具、字體發展、刻工技藝水平、刊
刻理念等緊密相關。以下即遴選石門摩崖發展各階段的代表作（《大開通》《石
門頌》《石門銘》《山河堰落成記》等幾方。）進行重點分析，探尋各時期刊
刻技藝之傳承、進階與遞變。並在各個時代與之平行的其他區域石刻技藝的
比較中，把握石門摩崖刊刻技法在各時代的獨特性和地位。

（一）早期摩崖起始──單刀鑿刻時代──《大開通》

　　石門首塊摩崖《大開通》採取了早期摩崖的刊刻技法──典型純粹的單
刀鑿刻。（圖 5.4）在《大開通》摩崖所產生的東漢早期，字體正處於篆書向
分書過渡階段，結體由圓轉變為方折，屈曲纏繞的線條變為直線，為無波磔
的古隸。而當時使用的刊刻工具也不發達，是比較原始的尖形的鑿錐，故而
以單刀直接鑿刻，這是當時石刻文字所普遍採用的刻法，同時代的《何君開
閣道摩崖》《萊子侯刻石》《五鳳二年刻石》等，刊刻方法皆與此類似。由《大
開通》刻痕不難看出，其通篇使用的皆是單純的單刀直刻，線條圓而勻，字
口輪廓略有崩裂，為起到久遠的公示之用，故字大而深刻，也就是刻痕雖細
卻入石很深。其所在的崖面石質為硬綠泥石英片岩，經風化易生成雲母，片
片剝落，然千年之後的今天，崖面雖蝕剝殊甚，卻還能清晰看到原先鑿錐的
底部痕跡（圖 5.4、5.5）。細勁圓轉的刻痕樸實無華，適合表現無波磔古隸的
簡約，單刀最重要特點是一線直下的取勢，形成在山石上披荊斬棘遊走之勢。
不過這種純粹的單刀，技法顯得較為單一，缺乏豐富變化，對於筆劃線條的
表現力有限，因此後世隨著工具的進步，雙刀刻法逐漸盛行，純單刀直刻法

便逐漸淡用。由此可以看出，在石門摩崖初始階段，以樸素的單刀刻法作代表，這也是東漢初同時代典型石刻技法的縮影。

圖 5.4 《大開通》單刀鑿刻

刀法	特點	石刻圖例		
純粹單刀鑿刻	單刀直刻，線條橫平豎直，線質圓勻細勁。	開	楊	部 ，
		千		張
崖面剝落殊甚 刻痕深刻	崖面多層剝脫，清晰可見原先鑿錐底部痕跡	蜀	余	九
		王		太

圖5.5　《大開通》崖面結體布局特點

結體布局特點	原刻圖例（局部）崖面片片剝落
結體大小不一自然穿插錯落成片布局	
	線描圖例（局部）
布局：豎略有列，橫無行，間距密集連成片	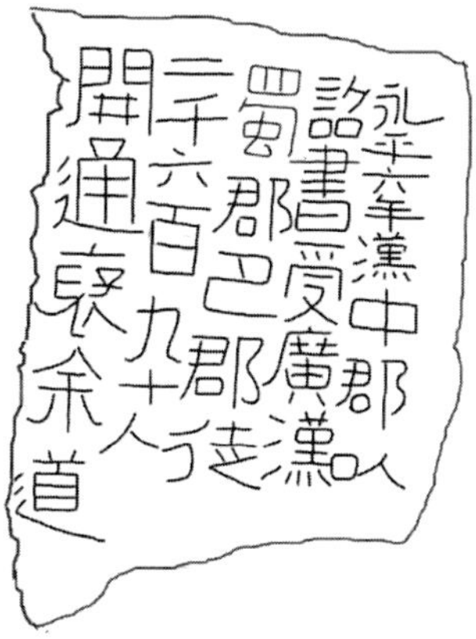

（二）發展期東漢末年——單刀為主，複刀修飾——《石門頌》為代表

　　東漢晚期，以《石門頌》為代表的石門漢隸之刊刻技法，較之東漢早期有了發展，形成單刀為主、複刀輔助修飾之格局（圖 5.6）。究其原因，則是工具之進步帶來了刻法豐富的可能性，當時出現可精刻筆劃的小口鏨刀與刻

刀，因此原始尖棱鑿錐的單刀刻法在講究的石碑中就很少見。刊刻技藝也隨著漢隸之興盛而趨向成熟。漢隸筆形比古隸豐富許多，有著橫向舒展如雁尾的波磔，以及橫豎撇捺等各種形態表現的需求，因此自然出現了適合刻畫相應筆劃的刻法。成熟漢碑所普遍使用的刊刻方法便是發展成熟的「雙刀露筋」，字口清晰，保留著筆劃和結體的原貌，也無鑿錐岩石剝落之弊病。因此在漢隸中大量使用，摩崖中也自然滲入了這種刻法。

而我們看到，處於此階段的石門漢隸，其刊刻之法在吸收同時代先進的雙刀技法的同時還根據地區實際情況而具有獨特性。

首先是大篇幅摩崖對原始單刀法的承繼和保留，如錐畫沙、「省形而留勢」的走刀方式，是石門摩崖最典型的刻法。同時代不同地區的漢三頌中《西狹頌》採用的是典型雙刀露筋刻法，與此相比石門石刻自成一脈。我們知道，石刻在刊刻上石過程中或多或少會與原書寫狀態有所出入，摩崖由於條件所限難以精細刊刻，故與書丹之出入往往更大，而刻工或單刀、或雙刀的選擇，對筆道細節減或增的發揮，正反映著刻工對刊刻技法的選擇，也造成相當大的地域風格差異。就整體而言，雙刀重「形」，單刀重「勢」。比如面對漢隸的典型蠶頭雁尾波磔，《西狹頌》採取的刊刻方法是，或選擇以雙刀加重這種「筆形」特徵，以切削之法形成方硬的三角形雁尾，或選擇保留筆劃主體而捨棄雁尾上揚波磔，蓄勢不發形成方頭方腦的平直粗重筆道。而《石門頌》的刻工根據地區極端堅硬不便切削石質的實際，大量選擇保留古隸遺風的單刀刻法，則在一定程度上捨棄肥厚波磔形態和裝飾性細節的同時，以單刀法善取筆勢之優勢，保留下波磔的完整走勢和上揚弧度，單刀行進，即使遇到橫畫和捺畫波磔時均一刀送到底，不作肥厚的雁尾之形，有些筆劃面對凹凸不平的石棱，一半在凹面一半在凸出處，依然一線直下破石棱而走，崩裂具有很強的爆發力。筆劃無誇張方硬形態，細勁圓勻如篆而又有強烈飛動感（如圖5.9）。前文所言書論中多評價其書中有「篆意」「草意」「勢力」，很大程度正是源於其選用的刊刻手段，存有早期《大開通》類型的單刀古法。比較而言，《西狹頌》和《郙閣頌》雙刀刻法，對漢隸筆形或誇張或捨棄，都更多偏重於擬隸之「形」，刻痕具有沉重的實體感和塊面感，趨向一種沉著寫實之風，而《石門頌》單刀則側重於漢隸線條的行走的「勢力」趨向的表達，（圖5.11）因而刻痕具有古樸簡約輕盈的風貌和更為自由的精神意態。

觀石門摩崖的其他漢隸可見《石門頌》這種保留單刀刻法並非特例，而

是一種區域內技法的傳承，石門摩崖中的《楊淮表紀》刻於《西狹頌》之後的第二年，其刻法也大量延續《石門頌》極爲類似的單刀法。可見石門摩崖之書刻有著區域內的穩定性與普遍性，是一種適應此地區石質而持續採用的刻法之傳承。

其次，《石門頌》刊刻傳承單刀法，但與《大開通》的單純單刀又有所區別，是由於其同時吸收了先進漢隸複刀修飾細節的方法。在單刀爲主的線條細節處採取複刀切削補充之法，進行局部精細的雕琢。換言之，往往單刀刻畢，在起筆、收筆顯精神處作補刀修飾。補刀有沿著刻痕之上修補，亦有沿著刻痕下沿補飾。比如，「充」的豎彎鉤就是在單刀刻痕上緣補刀，撇畫末端則是在單刀刻痕下緣補刀。對波磔雁尾的處理，在原刻收筆處下緣略加補刀，形成帶有弧形的雁尾形狀。這種對雁尾波磔打磨不同於《西狹頌》波磔方硬直線條刻成「三角形」雁尾，而是有著對書寫筆意的精細還原。（圖 5.11）雁尾肥厚而有流轉的弧度，末端尖收，有著由細到粗再收尖的變化。另外，起筆處以側刀修飾，避免一般草率單刀刻法起收處多破碎尖銳感。刻痕圓渾，氣韻內含。這種雙刀修飾的處理，也是和石門隧道內石質複雜有關的，可以看到一整行的石質條件比較鬆軟易刻，這一部分就會多修飾出肥大雁尾，反之則多取單刀（圖 5.7）。這種對筆劃起收局部精細形態的打磨，比起純單刀刻法更顯豐富多樣，並且氣韻更爲圓融內含。

整體而言，石門地區東漢末年隸書刊刻方法，既保留著適應區域石質的單刀細線古法，又與時俱進吸取同時代漢碑雙刀刻法進行精修。而這種單刀爲主、複刀精修之刻法，是在字體演變、刊刻技法與工具條件進步的時代背景下，石門摩崖刻工針對石質的試驗結果。參見《石門頌》上有當時刻工試刀遺存的「惟」字（圖 5.8）。可見其刻工並非輕易動刀，草率信手而刻，而是經過試驗、比較後有選擇的採用，因此有別於同時代成熟漢碑雙刀精刻、亦不同於其他摩崖雙刀粗筆道的刻法，呈現出區域承繼性和時代發展性交融的風采。

《石門頌》圖列如下：

圖 5.6《石門頌》單刀爲主、複刀修飾

圖 5.7《石門頌》崖面石質對刻痕之影響

圖 5.8《石門頌》試刻現象

圖 5.9《石門頌》崖面凹凸 刻痕隨勢賦形

圖 5.10《石門頌》主體布局

圖 5.11《石門頌》與《西狹頌》刻痕形與勢比較

圖 5.6　《石門頌》單刀為主　複刀修飾

刀法	特點	石刻圖例		
單刀為主	細而勁	毒	字	格
		焉	解	有
複刀修飾	單刀刻畢，在起筆、收筆處作補刀修飾	數	道	要
		充	人	定
單雙刀合用	單刀與（小口 V、U）型雙刀	夭	上	尤
		丞	利	確

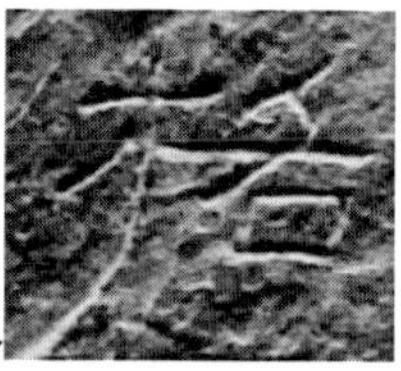

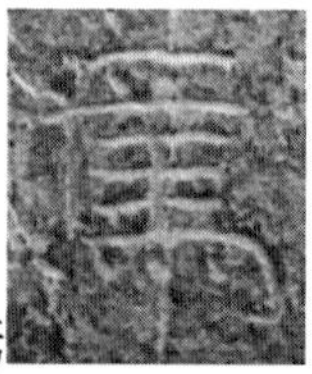

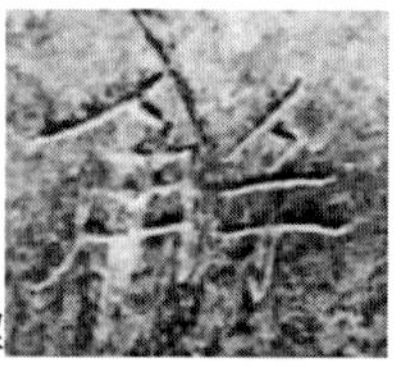

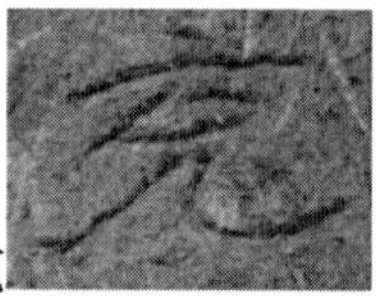

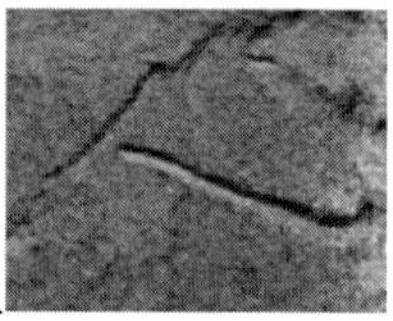

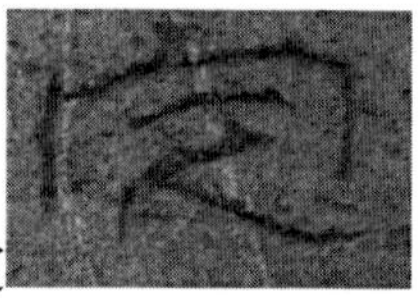

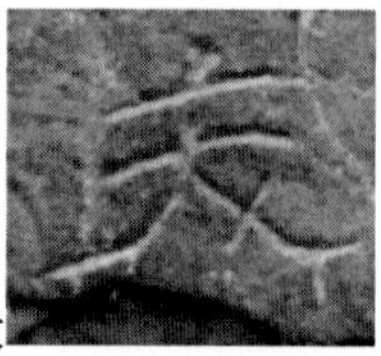

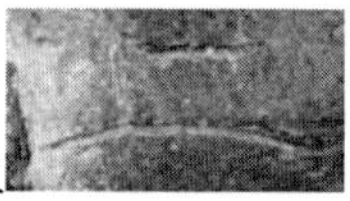

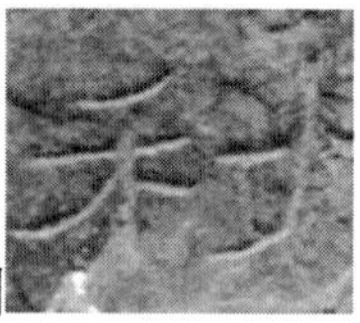

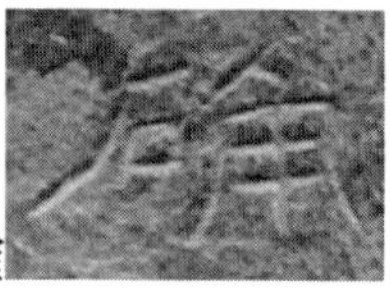

圖 5.7　《石門頌》崖面石質對刻痕之影響

	石質硬度略低	石質硬度高
石刻圖例		
刻痕特點	刻痕略粗　雁尾突出	刻痕細勁　不作雁尾

圖 5.8　《石門頌》試刻現象

	原刻圖例（局部）
「惟」試刻	

圖 5.9　《石門頌》崖面凹凸 刻痕隨勢賦形

崖面	特點	圖例
崖面凹凸不平	刻痕隨勢賦形 主要變形字 山、調、遂、爭、百、	
崖面凹凸不平	刻痕手摹	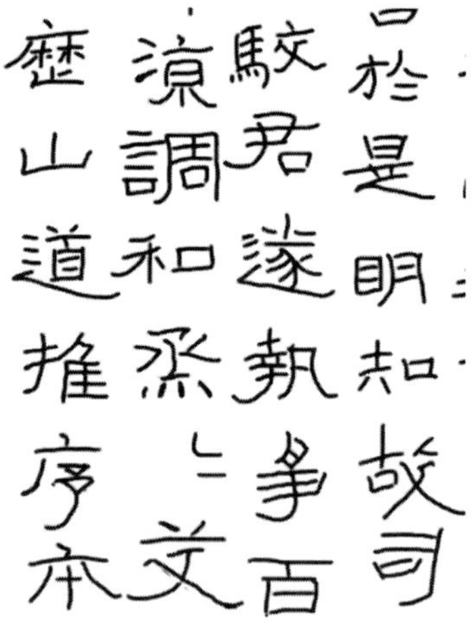

圖 5.10　《石門頌》主體布局豎有行橫有列

布局特點	圖例
主體布局整齊豎有行橫有列氣勢宏大	
	左半面整齊　　　調整　　　右半面錯落
布局右半面暫時錯亂　調整後　左半面又恢復整齊	

圖 5.11　《石門頌》與《西狹頌》刻痕形與勢之比較

	《石門頌》單刀重「勢」	《西狹頌》雙刀重「形」
刀法	單刀為主 兼小口 U 刀、V 刀	V 型雙刀 為主
特點	重「勢」	重「形」
特徵	略捨棄波磔之形態 取波磔的完整走勢和上揚弧度	加強波磔、捺腳之形態 波磔形顯，捺腳多呈三角形
石刻圖例	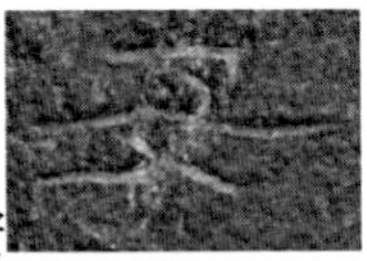  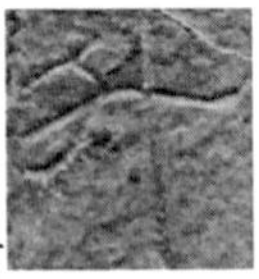 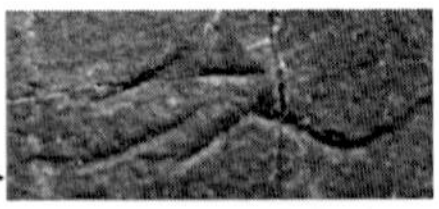 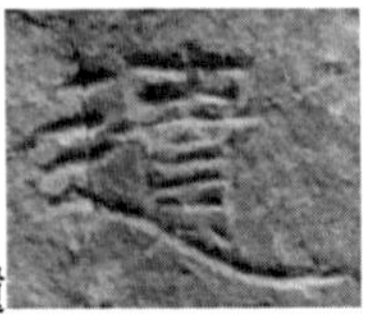 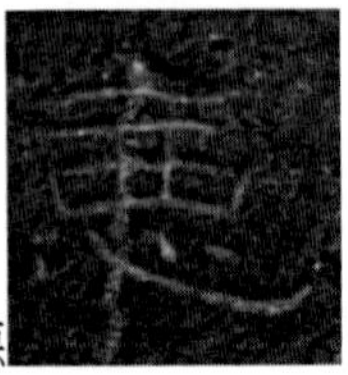  	 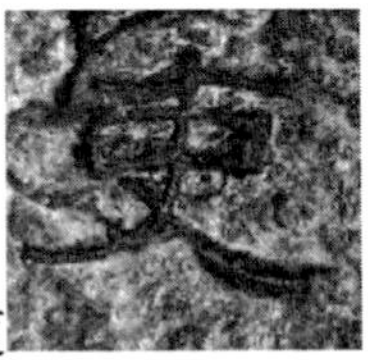 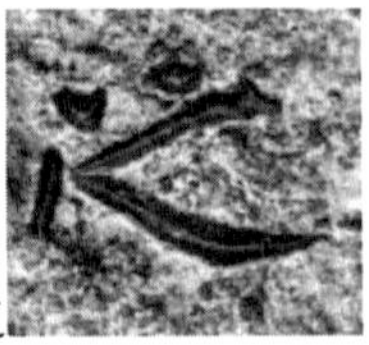     

（三）魏晉高峰——刀擬筆意的極致——《石門銘》

　　北魏《石門銘》是石門摩崖群中刊刻技術的巔峰之作，隨著刀法技術的進步，出現刀筆意融合的典型特點。《石門銘》刻於北魏永平二年（509），是魏碑成熟時期的作品，北魏楷書如今通稱為「魏碑」，整體以雄強精悍、鋒芒畢露、悍勁峻拔為特徵，這種風格除書者運筆書寫習慣外，與石匠刊刻所致的「刀味」不無關係。而《石門銘》摩崖卻與此相反，在魏碑中以「筆味濃厚」為特徵，這種評價倘若對於精雕細琢的墓誌，並不十分稀奇。而作為一方打磨粗糙的摩崖來說，擁有「書寫性強」之美名，簡直令人難以置信。摩

崖客觀條件遠不及精細碑版，往往不得不損失原作筆意細節而取其大略，眾所周知，蒼茫渾樸的石面和精微靈動的筆意幾乎是不可調和的矛盾，《石門銘》卻例外，其源於書丹設計者的高超之審美，更源於優秀石師將洛陽最先進刊刻技藝，和石門摩崖獨特的石質條件的有機融合，因地置宜，調和了粗礦摩崖和靈動筆意之間的矛盾，以「粗面精刻」的絕佳技藝出魏楷之神品。

　　摩崖石刻作品最後的呈現，是靠刻工之手來完成，因此，刻者的鑿刻技術無疑起了不容忽視的作用。《石門銘》刻者是石門漢魏摩崖中，唯一留名於石上的洛陽郡武阿仁。當時社會多不能容忍卑微的刻工以巧技擅名於世，故石刻上極少留下刻者姓名，唯獨武阿仁能留名傳世，其之身份與技藝無疑具有過人的特殊性。從《石門銘》的銘文記載「詔遣左校令賈三德，領徒一萬人，石師百人，共成其事」，以及末尾署名「石師河南郡洛陽縣武阿仁鑿字」，可以看出武阿仁並非漢中石門本地石師，而是來自良匠雲集之地北魏國都洛陽。當時北魏初收南梁漢中梁秦二地，為「扶境綏邊」溝通南北軍事政治，復通石門改修褒斜道是國之大事，北魏朝廷特派洛陽最優石師，隨奉詔修褒斜道的左校令來漢中，為此重大工程歌功頌德，負責摩崖刊刻事宜。北魏遷都洛陽後，石刻風氣日盛，形成一個規模相當大的刻工群體，其中有為尊貴者服務，為皇家與貴族的刻工，其技藝尤為精良且世代傳承，武阿仁作為洛陽朝堂特派百名石師中刊刻技藝最優者，體現的是當時石刻最為興盛地區洛陽良匠最高水準。如果忽略斑駁的崖面只看《石門銘》刻痕，則不難看出，其刊刻技法基底帶有很強的精工特徵，濃厚的筆味和精微的書寫性，顯然迥異於同時代粗砂石面刀劈斧鑿方筆魏碑的刀性。體現著來自洛陽精緻典雅一路的皇家風範，更類似洛陽地區貴族墓誌，諸如《元氏墓誌》的秀逸精健一路精工刻法。筆者認為，《石門銘》刻者武阿仁的過人之處正在於，創造性地將刊刻精工碑版的工藝，成功移植於石門隧道摩崖之上。在極端粗礦堅硬複雜的石材上，合宜地將高超刊刻技藝發揮到極致。這在摩崖刊刻中是絕妙的特例。具體體現為三點。

　1、刀法集大成，運用自如

　　《石門銘》刀法集前代刀法之大成（圖5.12、5.13）。以「雙刀U底」為主，「單刀直刻」「片面刀」「小口V雙刀」等多種刊刻模式的交替使用，具有豐富的表現力。北魏刊刻整套工具和各種刻法都完全成熟。前代單、雙刀各種刻法在《石門銘》中均有體現。

　　由現存刻痕看,《石門銘》以小口專用刻刀進行精雕細琢。但極少用同時代及後代精工碑刻所使用的「雙刀露筋」之法,即內線下刀,中間留「筋」,形成精勁的 V 型刀口,《石門銘》大量採用的是「雙刀 U 底」,即 U 型刀口之法,以雙刀直刻勾出筆劃,將底部鏟成弧狀「U」形截面,以表現豐腴的筆調,如挖成小勺狀圓滿滋潤的點畫（ ）,還有突出粗細方圓變化形態嫵媚的撇、捺畫（ ）,至於橫、豎畫亦不例外,一樣能呈現有豐潤意味的筆意。除了精刻雙刀之外,武阿仁面對石門隧道超硬石英岩的石質,同樣不失對單刀刻法的繼承和使用。在筆道細的部分,還可看到類似於《石門頌》的「單刀」刻法（ ）。

　　有些刻法在《大開通》《石門頌》《李君表》《楊淮表紀》等早期摩崖裏亦有所表現,然仔細分析則不難看出其前之作皆不及《石門銘》來得自覺和純熟。透過線條行走軌跡與狀態,可以看到,其中的主次、虛實、避讓、起承、轉合皆有法度。尤其是細節的處理方面,展示出一種圓熟的把握性。比如處理筆劃之間交接處的關係,刻線匯集點刻鑿碰擊易崩。其採取有意完整保存主筆,主筆深刻而其他筆劃或略微錯開、或輕虛黏連其上等方式,減少線條交匯處的碰撞與崩裂,(圖 5.16) 體現自覺積極的處理態度。通過精妙改變雕刻壓力,形成刻痕深淺變化,以展現點畫的細微虛實、伸縮、筆速的跌宕起伏,這種通過毛筆書寫才能產生的效果,再現于堅硬蒼茫的摩崖之上,非有極其精到的刊刻工夫而不成。

　　刀法之豐富與純熟,根據石質和各種不同類型筆劃的表現需求,選用最合適的方法進行奏刀,精益求精。筆劃無論圓渾、方峻、細勁、肥厚、平直、彎弧,各種形態均能得到自如的表現。尤其是在硬質材料上難以呈現的筆劃弧度和「圓性」(圖 5.15),也由於手法的純熟刻出了軟筆感覺,讓人幾乎渾然忘卻這是一塊比鋼還堅的石英岩。《石門銘》中有許多含有走之底、心字底的字,易生雷同的點畫與部件,正因其刀法之多樣性而各有奇趣毫不單一。以「走之底」類型爲例,說明同樣的部件,採取了多種刻法。(圖 5.14)

　　2、還原書寫筆意 血肉豐滿、豐潤多姿

　　處理刀刻與書丹關係方面,致力於以刀擬筆意,忠實書丹之書寫筆味,對筆意進行極致精微的還原。

　　在碑刻中刀從屬於書丹筆跡,再現原書丹的筆墨效果。一般來說,在光

滑細膩的碑石上，以刀擬筆意達纖毫畢現則相對容易，而石面越是粗糙，與書丹之間「失真」就越明顯。為圖省事，刻工往往採取不講究細節的刻法，偏離書丹框架而自由發揮，以大刀闊斧的切削，將筆劃起收簡化為直線斜切的方頭、捺腳造出三角形，似乎更便捷，然而刊刻刀味掩蓋了筆味，使得書丹之原味蕩然失色。

武阿仁所面對的石門摩崖顯然不是洛陽所慣常經手的精良石質、其面亦非打磨細膩的碑面，而是凹凸不平、斑駁陸離，裂紋密布的石英岩崖面，但他卻沒有因石質的堅硬而捨棄筆意的細節、一概單刀直入；亦沒有因為石面的粗礪不平，而採取簡便的平直刻法應付趕工，而是依然有能力和耐心，施展出對待良材的解數，採取最精緻細膩的刀法。深入到每個細節筆觸的起承轉合、輕重虛實的變化，再現了書丹者的筆墨趣味，不見粗野與放肆，令人稱奇。盡顯孜孜不倦，精益求精的「名匠素養」。流動豐潤的筆意弧線再現軟筆的書寫靈動性、精微的牽絲還原書寫的速度感。

自如書寫的筆道往往帶有微妙的弧度（圖 5.15），可是刻石中以刀致方十分省力，要以刀致圓則殊非易事，尤其是極端堅硬和粗礪的石質。而《石門銘》以精細雕出帶弧度的起承轉合，在硬石材料上完美地表現弧度，予人圓潤豐滿的軟筆的感覺。還以刻法再現行筆的意趣，即以刻痕深淺粗細的變化來展現筆速（圖 5.13）。文末「洛陽」二字以牽絲與連筆，將王遠揮筆連寫的瞬間狀態，精妙固定在崖石上。具有血肉豐潤、纖毫畢現的鮮活感。

整體而言，《石門銘》刻痕圓渾的書寫性，被稱為魏碑中極少見的「圓筆魏碑」，較之龍門等石刻的「方筆魏碑」雄強凌厲，方整斬截，更為含蓄內斂、深沉高妙。正是其精刻追尋真實書寫痕跡的結果。就書丹和刻手的關係而言，武阿仁的高超技藝和王遠超逸可愛的字體相互成全、輝映，堪稱天作之合，若無武阿仁的妙手，王遠的書法不可能如此完美的保留。

《石門銘》刀法圖例如下：

圖 5.12《石門銘》U 型刀口為主、複刀修飾

圖 5.13《石門銘》刻痕筆調豐富

圖 5.14《石門銘》走之底刻痕豐富　形態各異

圖 5.15《石門銘》刻痕轉折交接處多圓轉

圖 5.16《石門銘》刻痕虛實處理

圖 5.12　《石門銘》U 型刀口為主　複刀修飾

刀法	筆劃刻痕	石刻圖例			
U型刀口 表現圓潤豐腴筆調	小勺狀點畫	息	六	遞	迴
	嫵媚的撇、捺畫	久	各	史	校
	橫折鈎	葛	將	乃	加
	豎彎鈎	光	既	龍	
	橫豎畫	左	畫	岨	未
V型刀口		天	軍	仗 捺畫	
片面刀 表現虛畫		者 （撇刻痕）	斜 （豎刻痕）	中 （豎刻痕）	門 （豎刻痕）

圖 5.13　《石門銘》刻痕筆調豐富

刻痕	石刻圖例			
書　　　寫　　　性	**行書筆意**	正　　　升　　　方　　　夏	爲　　　抒　　　危　　　逸	足　　　牡　　　鳥　　　帶　　　作	洛　　　牧　　　充　　　校
	隸書筆調	皇	含	於	遞
	篆書筆調	魏	乃	駢	馴
	一般楷書筆調	左　　　光　　　天	不　　　南　　　表	夷　　　石　　　賈	中　　　之　　　伊	道　　　加　　　南

圖 5.14 　《石門銘》走之底刻痕豐富 形態各異

刀法	刻痕	石刻圖例		
U 型刀口為主	刻痕豐富形態各異	遞遁	道	道
		迴	迴	迴
		遠	逸	逸
		逳	通	遺
		迊	途	進
		建		

圖 5.15　《石門銘》刻痕轉折交接處多圓轉

交接圓轉	石刻圖例
口部	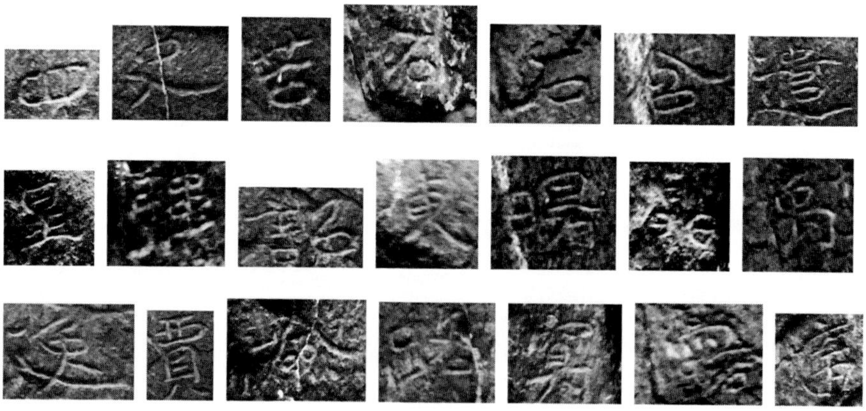
橫折鉤	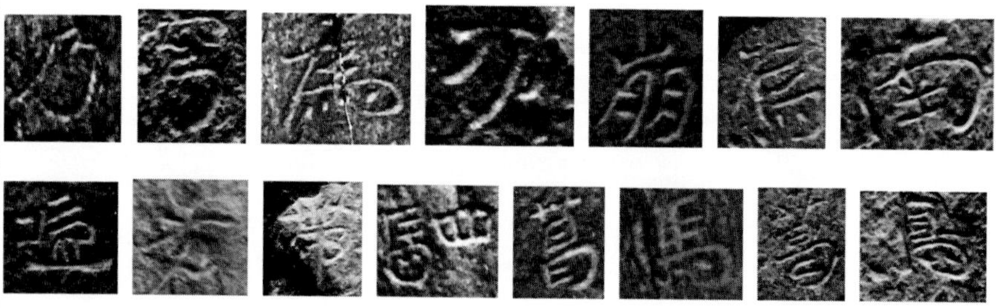
豎鉤	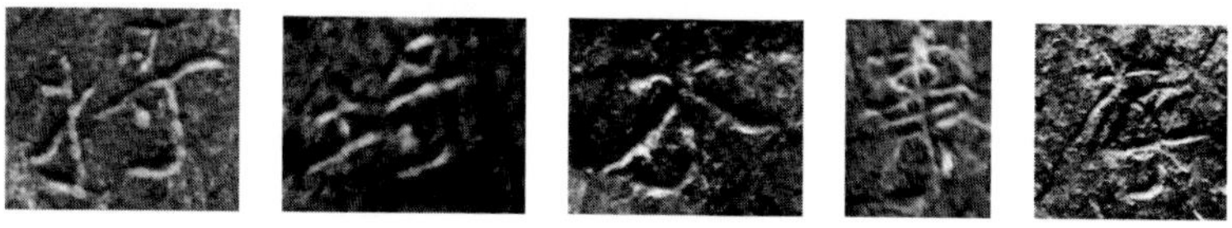
豎彎鉤	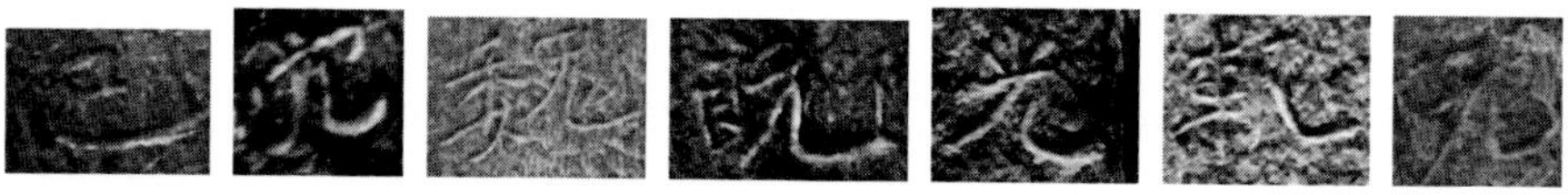
臥鉤	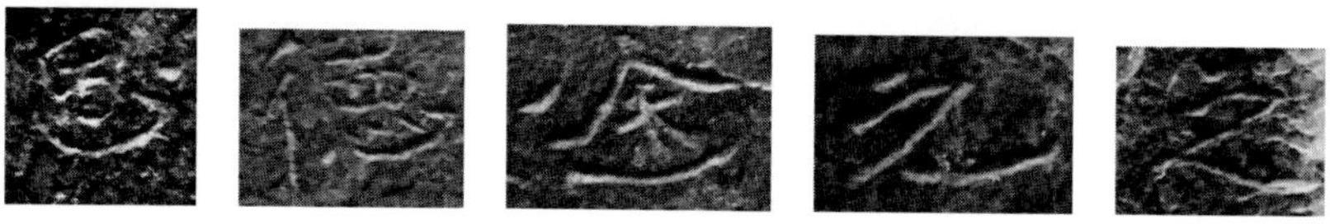

圖 5.16 《石門銘》刻痕虛實處理

崖面	刀法 刻痕	石刻圖例
石英岩石質堅硬 崖面粗礪	刻痕 虛實相生 片面刀 表現 虛刻痕 深刻 U 型刀 表現 實刻痕	者 　　門 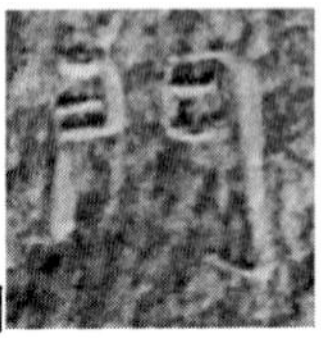　　帶 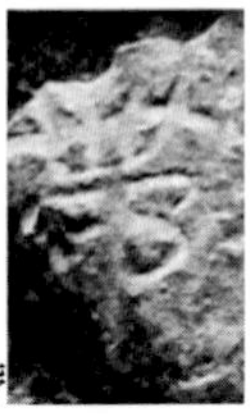 車 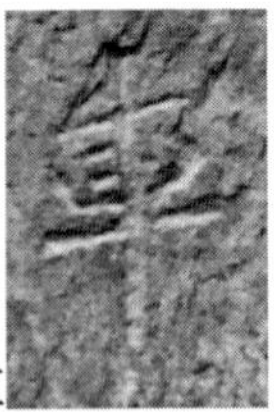　　斜 　　軍  不 　　中 　　岸 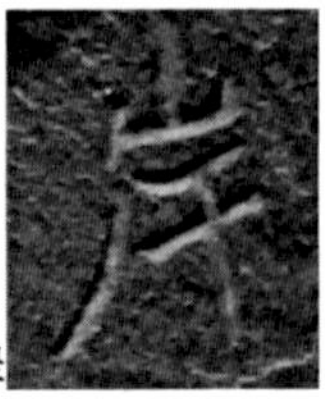 史 　　牛 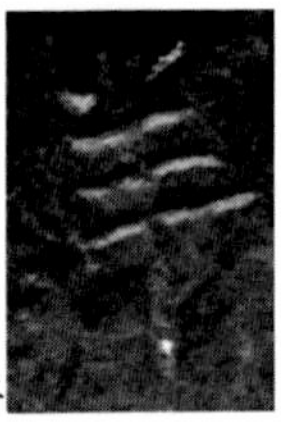　　不 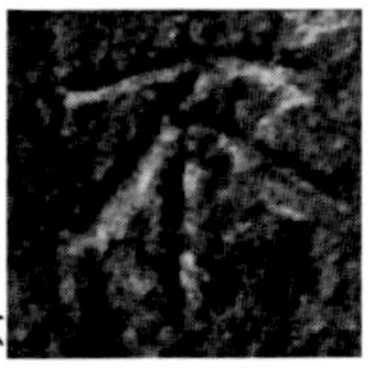

3、巧妙化解石質與現實難題

摩崖刻者需面對石面各種特殊環境。可以想像，武阿仁當時在昏暗的石門隧道中，踏於腳手架，鐫刻一方石質堅硬、岩面雜亂無章、變化多端的岩石，需要極大勇氣與耐力，不僅要細心琢磨書者的筆味，更要按照崖石的石質和石勢，不斷調節鐫刻的手法，攻堅克難。

《石門銘》的石質條件出奇的複雜，它在石門隧道中石質劣於《石門頌》等。設計的時候為儘量保持布局的完整性，往往見縫插針，因此多有夾在石縫裏、騎在突出石棱上的字，甚至還有一半處凹面一半處於凸面扭曲的字，

以及橫跨裂縫的字。（圖 5.17）應對這些出奇不意的狀況，對石師是一種極大的挑戰。

　　處於裂紋中的字，筆劃順著裂紋就勢而刻。或巧妙避開，或將裂紋化爲筆劃。

　　兩個塊面不在一層面，分層安排部件，或以巧妙刀工直接橫跨凹凸兩面。

　　石縫、石棱，局部如一副奇景（圖 5.19），每個刻字都宛如一件藝術品。

　　《石門銘》在對這些艱難狀況的處理中，不但儘量保持了字的完整性，始終不失法度，且往往有著出其不意的發揮，造出奇趣。將現實艱難之障礙，化解爲橫生之妙趣。在諸種艱難條件下應對得宜、揮灑自如，如庖丁解牛一般。「手之所觸，肩之所倚，足之所履，膝之所踦，砉然向然，奏刀騞然，莫不中音。合於《桑林》之舞，乃中《經首》之會。」〔註7〕可謂匠人精神。對刊刻情況得心應手地予以解決和應對，需要對各種刻法的純熟掌握，以及富於創造性之精神，追求完美和極致，真正體現了「技」上升爲「道」之境界。

　　《石門銘》刊刻技藝最大的特殊之處在於，一般刻工針對粗崖面即採取粗刻法，而它卻反其道而行之，在粗礪的摩崖底面上採取精刻模式（圖 5.18）以來自石刻鼎盛地區最高超的刊刻技藝，加諸最難刻粗糙的摩崖石面，輔以因地制宜的創變發揮，有效地化解粗礪摩崖和靈動筆意之間的矛盾，使石面之「剛硬蒼茫」與刀功之「細膩精緻」得以統一，形成雄渾蒼茫和秀逸靈動相融合的奇異美感，不啻爲一種奇蹟。正因其艱難，更彰顯高妙。刻者以刀追尋筆意，還原書丹之意趣，和書者王遠堪稱天作之合，達到了以刀擬筆意的極致。非但在石門摩崖中，甚至整個魏碑史乃至整個石刻書法史中都堪稱獨一無二的書刻經典範式。刻工武阿仁不虛留名，其經手刊刻的《石門銘》成爲石門石刻藝術興盛時代的扛鼎之作。

　　《石門銘》刀法圖例如下

　　圖 5.17《石門銘》面對裂紋之處理：順、避、直刻

　　圖 5.18《石門銘》崖面粗礪　刻痕細膩

　　圖 5.19《石門銘》一字一景

〔註7〕　莊周撰，陳鼓應注譯，莊子今注今譯·內篇養生主〔M〕，北京：商務印書館，2007.116。

圖 5.17 《石門銘》面對裂紋處理方法

刻痕走刀	石刻圖例
順刻 筆劃順刻於裂紋、棱痕甚至化裂紋爲筆痕就勢而刻	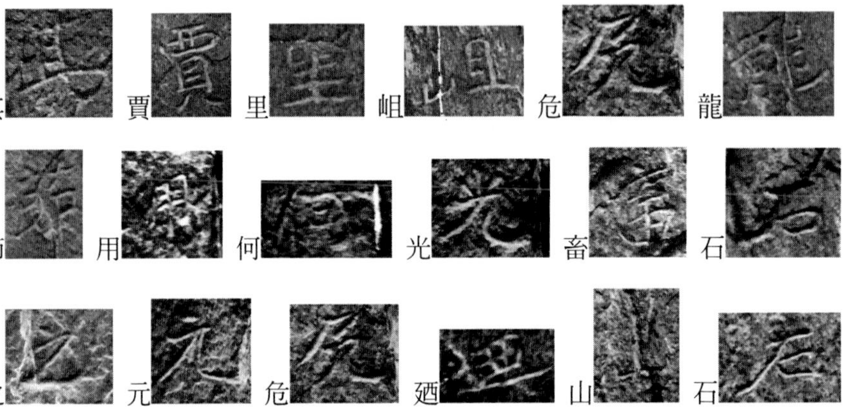 其 賈 里 岨 危 龍 節 用 何 光 畜 石 之 元 危 廼 山 石
避刻 巧妙避開裂紋石凸石凹依勢造形	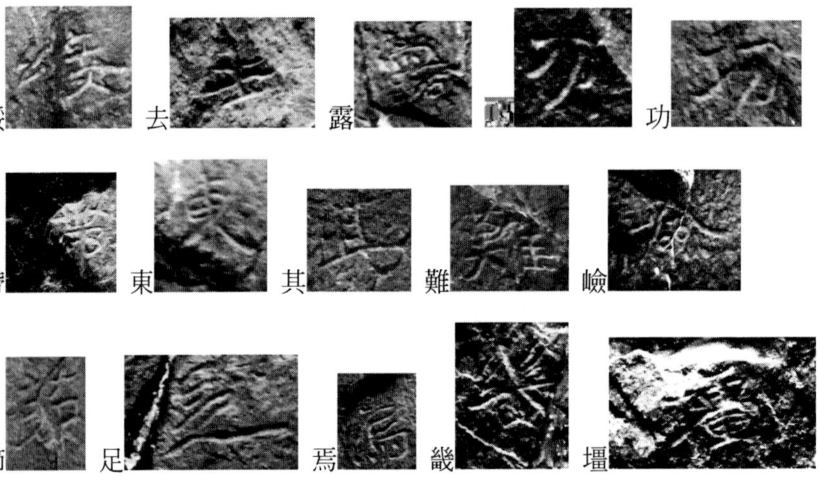 綏 去 露 功 帶 東 其 難 嶮 節 足 焉 鐖 壇
直刻 無法順、避刻只好橫衝裂紋直刻	 逸 既 道 爲 迴 躡 之

圖 5.18　《石門銘》崖面粗礪　刻痕細膩

崖面	刻痕	石刻圖例
石英 岩石 質 堅硬 崖面 粗礪	刻痕細膩	鳥　　道　　之　　表 伊　　為　　足　　於 牡　　夷　　方　　思 光　　天　　逸　　帶 皇　　乃　　難　　更 春　　月　　再　　功 銘　　道　　蔡　　逸

圖 5.19　《石門銘》一字一景

崖面	石刻圖例			
一字一景	騎在突出石棱	石　帶　東　壇		
	夾在石縫裏	師　建　秋　風		
	凹凸異面	躡　表　巧　石		
	崖面扭曲	夏　道　畿　皇		
		嶮　去　露　逸		

（四）衰落期──宋代石刻式微──《山河堰落成記》

宋以後是石門摩崖石刻衰落時代，此期刻法趨向程式、粗率兩極分化。

趨向精工與程式化的石刻代表為《山河堰落成記》，其石質是大理岩（CaCO3），硬度不大，較易於刊刻，崖面打磨光滑美觀、字徑大而且刀口

清晰，採用典型「雙刀露筋」的刻法，顯然鏨、刻刀等工具和打磨精細程度有所增強。然而書刻藝術之高低與時代前進、工具的進步、技藝的熟練等未必成正比，觀之《山河堰落成記》精細的打磨和清晰的刀口並未能收穫更加高明的藝術效果。

首先，刻法趨向程式化。表現之一，刻工刀法雖有單、雙刀，但刻法單一，純粹單刀直刻勻而不變。雙刀為一統的 V 形走刀（圖 5.20），刻痕其骨均在刻跡中線。表現之二，不同的字相同筆劃刻痕形態幾乎保持不變，熟練、精細、卻顯得死板和僵化。比如，字中橫筆和豎筆，一概乏味的勻細線或勻粗線。而波磔之法更顯單一，連同行刀節奏皆雷同，比如，帶波形雁尾的長橫畫，筆劃形態相似，婀娜造作——蠶頭，漸細，再漸粗，末端複刀修飾肥厚的雁尾，波磔起伏亦一致。（如圖 5.21），另外崖面磨得平滑油光，雖然掃清類似石花裂縫等阻礙，崖面布局整齊劃一但失卻跌宕起伏的奇趣、虛實相生的靈性。

其次，刻痕之間轉換突兀，沒有過渡階段（圖 5.22），如「事」「徒」等字，其豎鉤筆劃的運刀，由極細勻一的豎跡，至轉折處突然加粗，生硬突兀向左行去。

此外，其書丹「隸書本體」隸法不純且程式化嚴重，而隱於幕後的刻工只是中規中矩的還原其隸書的風貌，也無法力挽狂瀾。

而另一方面，大量的題名刊刻則體現出技藝的粗率和平庸。顯然可以看出，比起《石門銘》，其雖亦用雙刀刊刻，卻並不精緻，為規矩而平庸之作。單刀刻法也無《大開通》《石門頌》等古刻那般蒼茫雄渾之勢力與氣概，反而彌漫著草率和破碎感，透露出生疏和拙劣。顯然，石門宋之後石刻藝術走向衰弱。在整體石刻式微的時代大環境中，刊刻技藝也走向程式化與粗率，更難以上升為道，不復漢魏之鼎盛氣象。

《山河堰落成記》圖例如下：

圖 5.20《山河堰落成記》刻痕 V 型為主

圖 5.21《山河堰落成記》刻痕程式化以波磔長橫為例

圖 5.22《山河堰落成記》刻痕轉折突兀以豎鉤刻痕為例

圖 5.23《山河堰落成記》刻痕「飛白」造作

圖 5.20　《山河堰落成記》刻痕 V 型為主

刀法	刻痕	石刻圖例		
V 型 刀口	捺	民	大	水
		人	以	使
	長橫	二	十	渠
	豎彎 鉤	藝	范	七
	豎	水	森	木
	點	八	平	凡
純粹 單刀	極細 橫、豎 刻痕	常	宗	事

圖 5.21　《山河堰落成記》刻痕程式化（以波磔長橫為例）

刀法	石刻圖例
V 型刀為主單刀為輔　長橫波磔行刀節奏一致　圓起漸細再漸粗　末端複刀修飾肥厚雁尾	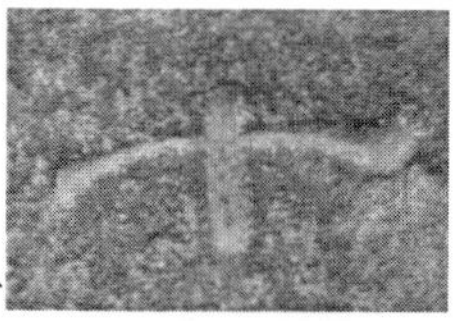 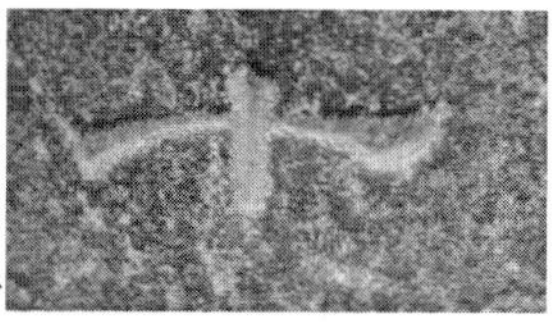

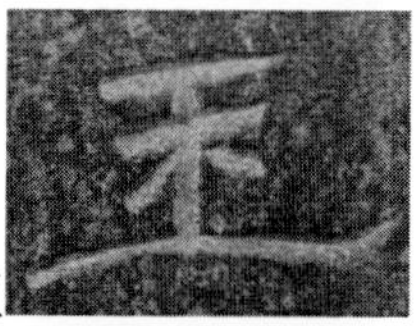

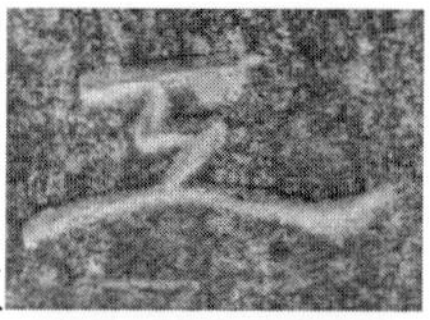

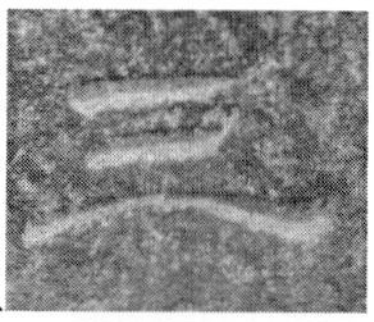

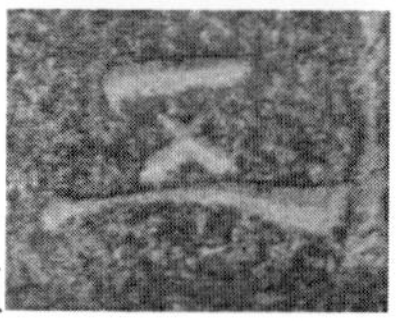

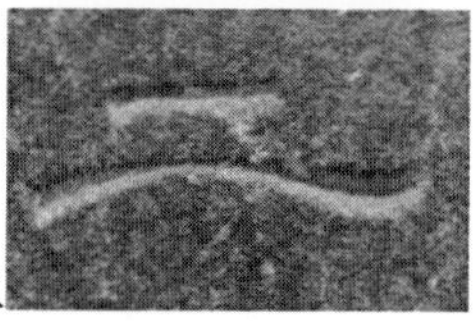

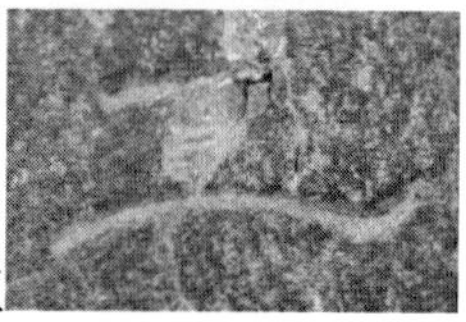

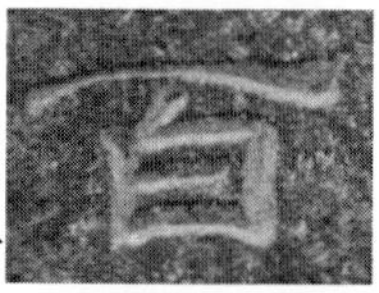

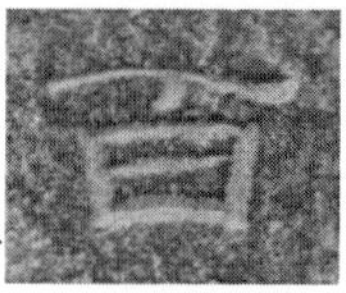

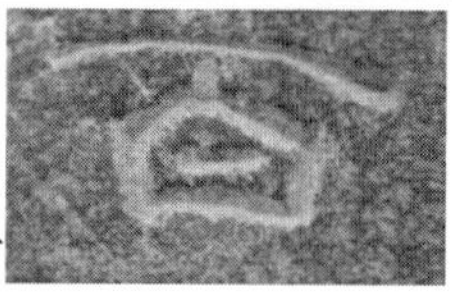

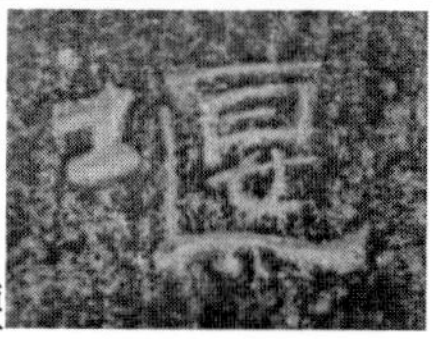

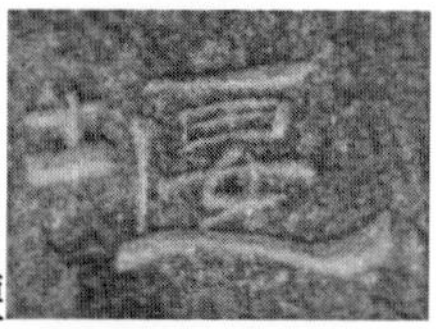

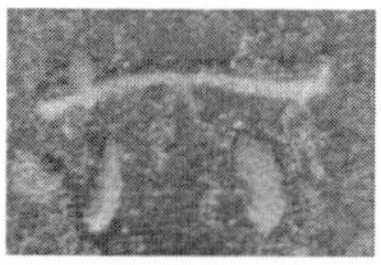

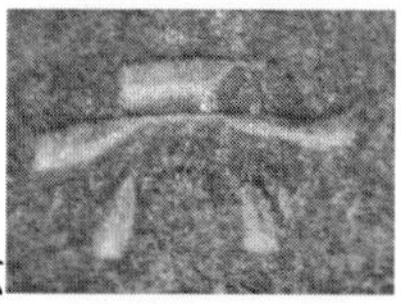

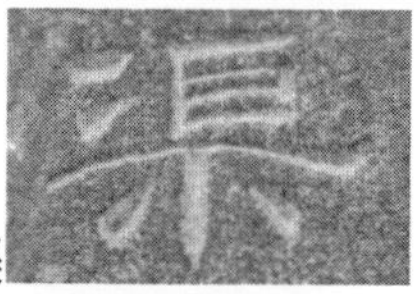

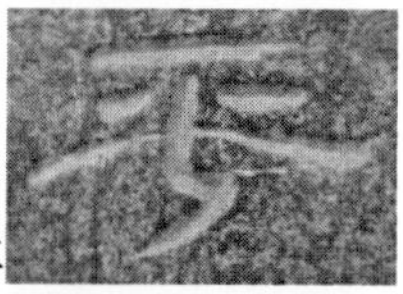

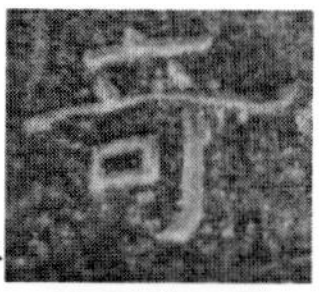

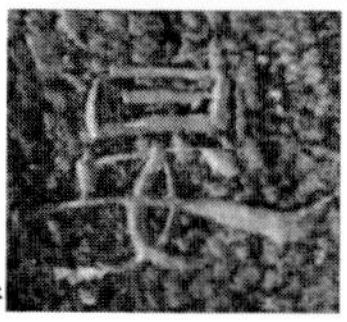

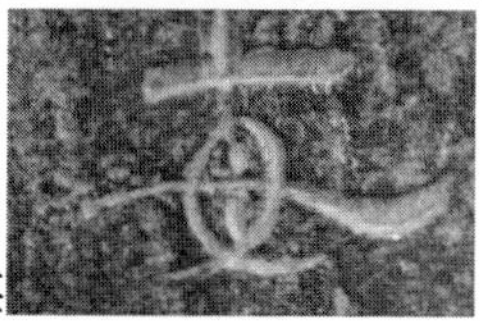

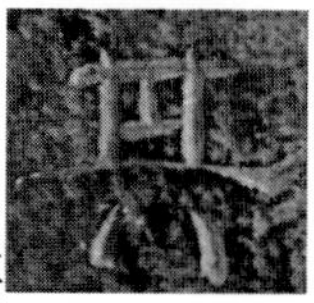

圖 5.22　《山河堰落成記》刻痕轉折突兀（以豎鉤刻痕為例）

刀法	石刻圖例		
以V型刀法為主純粹單刀為輔　豎鉤撇畫臥捺長橫　刻痕粗細變化突兀	守 	事 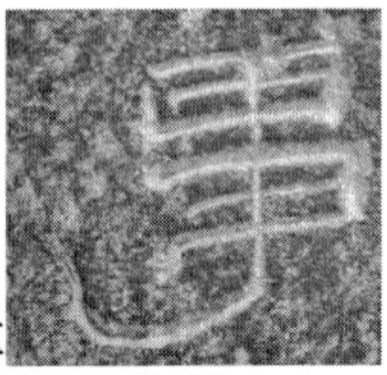	事 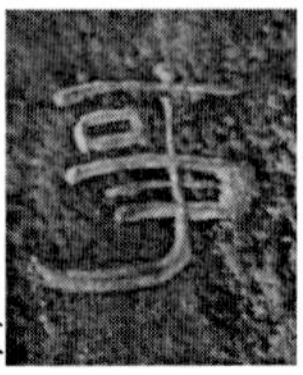
	使 	使 	徒 
	之 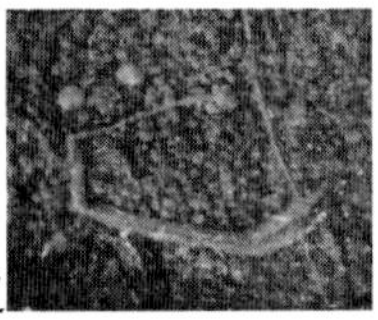	是 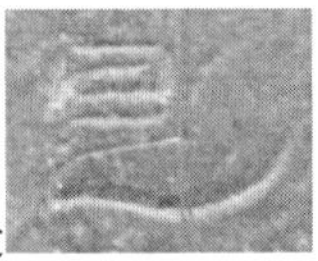 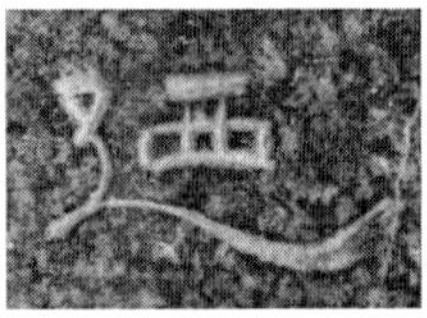	延
	百 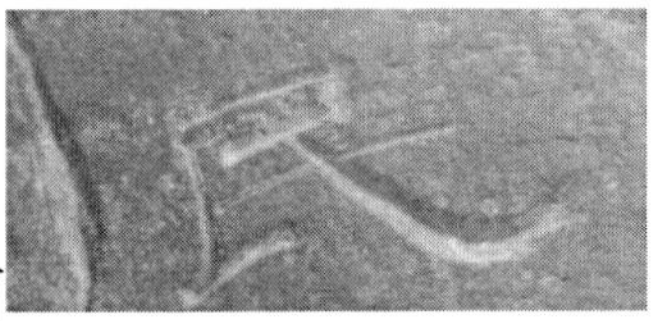	堰 	
	晏 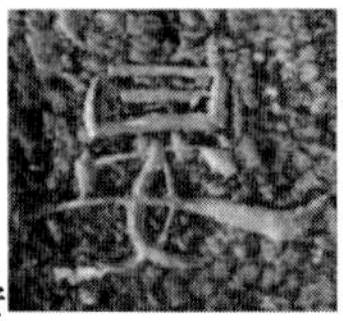	每 	其 

圖 5.23　《山河堰落成記》刻痕「飛白」造作

刀法	石刻圖例
以 V 型走刀為主純粹單刀為副　捺、豎彎鉤長橫末端片刀修飾飛白	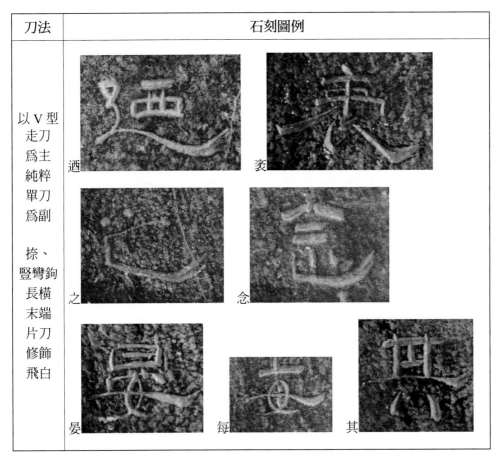

縱觀石門地區四個發展階段，漢魏摩崖的刊刻始終有著與時俱進的先進性，吸收並展現著每個時代最先進的刊刻技法，又根據石門摩崖的特殊條件有選擇的使用，保留一脈相承的地域獨特性。隨著技術的進步達到刀筆意融合極致，形成區域最典型特點。而宋之後為石刻衰落時代，其程式化與粗率技藝，也是石刻衰落時代的縮影。

總結，石門摩崖的刻法無疑是特殊的經典。在獨有的石英岩石質條件下，採取小口刀具，單刀直刻取勢和複刀精修相結合的刀法。形成細勁簡約、蒼茫中不乏精緻獨特的地域風格，而縱觀漢魏至宋清，其技藝由初興、發展、興盛、至衰落，形成了一個縱向延伸的完整的刊刻技術發展脈絡。各個時代的代表性石刻的刊刻技法，既有針對區域內條件的相同選擇，又有著各異的發揮和與同時代其他區域石刻相比的獨特性，而代表石門書刻藝術最高成就

的《石門頌》《石門銘》出於漢魏，這與其在書法史上的地位是一致的。優秀刻工面對堅硬又粗糙的石英崖面，以極其高超的刀法技藝還原了筆意的極致，在克服刊刻現實難題的艱難歷程中，完成了由技及道的超越。

第五節　拓片誤差與回歸原石

拓本是碑刻面貌得以廣泛流傳的最普遍的方式。石刻是對書丹的再現，而拓片則是對刻痕的複製，即用紙緊覆在碑碣或金石等器物的文字或花紋上，捶後用墨或其他顏色敲打，將其文字或圖形複製「印刷」在紙上，予以保存或收藏，或將其裝訂成冊，影印流傳。拓片作為一種對刻痕的複製手段，其對原碑的「還原度」是考量其優劣的關鍵，拓片由碑刻拓印到紙面上，其過程會產生一定的失真，失真的程度，與石刻材料差異密切相關。一般而言，打磨精工平整光滑的碑刻，拓片「還原度」頗高，失真幾乎可以忽略。然而面對摩崖等天然石性較強的特殊石刻形式，拓片的複製將面臨著諸多難題，甚至造成對實際情況的誤讀、藝術印象的「神情懸隔」，從而無法完整、真實地展示原刻的風貌。

漢中博物館館藏漢魏石門摩崖十三品即是一個典型的案例。石門摩崖石刻群原本位於漢中褒斜道石門洞內崖壁及褒河沿岸，建國後因建壩而毀，唯餘十三方漢魏石刻精品被鑿遷至漢中博物館保存。其中《大開通》《石門頌》《石門銘》等，均為漢魏書法藝術精品，歷來是書寫者心摹手追的範本，其風靡於世主要賴於拓本流傳。自宋代開始，歐陽修、趙明誠《金石錄》，即以拓片為基礎進行研究。延續至今，世人對其學習與研究，也大多源於拓片，實地觀摩原石者為數甚少。筆者親至漢中博物館，近距離細觀原石，與傳世拓本相比對，發現其拓片對原刻石信息的損失、與原刻石面貌的偏差，較之一般碑刻要大出不少。因此，本節就以漢中博物館藏石門摩崖漢魏精品原石和拓片的比對，探尋摩崖拓片再現形式的難題與誤差，以及在石刻文字考釋與藝術研究時，將拓片與原石相互參照的必要性。

一、工作環境與拓工技藝導致的變數

捶拓環境與拓工水準，直接影響著拓片水平之優劣。據清人在漢中褒斜道的捶拓現場記載，石門摩崖捶拓實屬不易。當時石門隧道人跡罕至，需乘船渡水，捫葛攀援方能進入。石門洞內漆黑，拓工燃火照明，踏於腳手架上

棰拓。隧道地處山谷，山風穿行，棰拓時難於上紙，且摩崖凹凸不平，墨汁透紙嵌於石面難以揭起，揭起又易破。吳大澂描述獲得石門石刻精拓本的過程：「石門銘，石縫凹凸不平……惟崖谷嚴寒，非天氣稍和不能上紙」〔註8〕。即是此種環境之寫照。此外，有些摩崖所處之處為山崖絕壁，棰拓要冒極大的風險。李苞題記石刻「在門北崖壁最高處，附臨江水，椎拓艱難，世所罕覯。」〔註9〕足見石門摩崖棰拓之艱辛。

除客觀操作環境影響外，另一方面變數則來自拓工本身的水準。作為拓片的直接操作者，若棰拓技藝不精、功力不到，將使拓片或模糊或走樣。由於石門崖面情況複雜，拓工需熟悉石情，不僅要仔細確認處於石花、夾縫處隱約可見的字，逐一納入棰拓之列，還需時時變換角度，耐心將各個凹陷坑窪之處拓上墨，盡量保留原汁原味。漢中石門當地有著世代傳承的拓工群體，專門從事石門摩崖群的棰拓，然其手藝良莠不齊，多有為趕工粗製劣拓。據金石學家吳大澂與陳介祺通信言，「秦中刷手甚劣」「此間拓手多自以為是，又不耐煩，以速為貴。教以先撲墨後拭墨之法多不聽從。」〔註10〕為求速成趕時間，各個程序多有偷工簡省現象：其一，捶打入石工序，用紙粗厚，又沒有耐心一字字細緻捶入石痕，稍微捶得凹入字口就開始上墨，致使字口多不清楚，且有漏筆，這是一層損失；其二，上墨工序，不肯多次「輕撲」而是「濃墨速拓」，精拓需逐層輕撲上墨，一開始墨色輕薄如蟬翼，如此反覆多次之後墨色漸濃，最終達到烏黑髮亮，隱現紫光的效果，須一層層漸次覆蓋而成，而急於求成者，為求速成「烏金」效果，用濃墨撲上一兩遍即成，如此拓片雖然色亦烏黑，但難以掩飾「墨氣」死板粗糙，加上之前捶打入石不善，紙質粗劣，字口不清，黑墨暈渾。棰拓結果，失精拓之細膩，傷原刻之精神，只能略存概貌。如此導致速拓的劣品多有流傳。吳大澂曾極力為拓工傳授先進的「先撲墨後拭墨」之法，遭拒。直至清代羅秀書重金聘得佳拓工張懋功，並予以悉心指教，拓片質量方有所改觀。不過就石門隧道艱難環境和複雜石質而言，同一個拓工相同的技藝，也不能保證每一次拓片的均等質量。因此，每次棰拓，崖面環境、拓工技藝、棰拓工具、甚至氣候條件等諸方面因素，均有可能是石門摩崖拓片質量的變數。

〔註 8〕　馮歲平，石門十三品〔M〕，陝西：西安地圖出版社，2010.215。
〔註 9〕　馮歲平，石門十三品〔M〕，陝西：西安地圖出版社，2010.206。
〔註 10〕吳大澂著，謝國楨編，吳愙齋尺牘〔M〕，臺灣：文史哲出版社，1983。

二、摩崖特殊性導致椎拓客觀難題

除了環境、拓工等變數外，摩崖無法抗拒的複雜石質條件，也造成拓片不少誤差（圖 5.24），即使高超的椎拓技藝，也難免有所疏漏。諸如遍佈崖面不規則的石花、裂縫、凹凸。使拓片產生缺失、扭曲、失真，究其與原刻之差異，主要體現在四點。

（一）裂縫、石痕誤為筆劃

由於崖面的裂紋、石痕眾多，椎拓時局部無法上墨，拓本上則呈現出泐白，有些裂痕泐白的粗細和筆劃刻痕相近，或與刻痕重合，或處於筆劃邊緣附近，易混同為刻痕支出延伸，讓觀者誤以為是筆劃一部分，從而造成釋讀的偏差。而這時就需要看館藏原石實物，比對刻痕與裂縫予以區分。

例：《石門頌》「焉」字的長尾其實是裂痕、「下」字長橫左下裂痕看似撇畫，誤認為「不」字。較深而有刀口的是刻痕部分，而凹陷略淺的是石花。《石門銘》「天」字中心有一裂紋，誤認為「禾」字。

（二）凹凸坑窪處墨拓不到，誤為筆劃缺失

由於崖面有著凹陷與石花，有些字刻在過深的凹陷處，難以捶入拓墨，導致拓片上缺失筆劃或部件。有些無論是古代的拓片還是現在的拓片，粗拓還是精拓都無法拓出來，只能直觀石面方得一見。

例：《石門頌》「難」字，筆劃完整，但其左側上部有凸出石棱，所以歷代拓本「難」字，左上角「廿」均拓不清。

《石門銘》中「之」、「於」等字，由於崖面凹凸不平，凹處刻痕拓不顯。（以上字例均見圖 5.24）

（三）石勢起伏、石面凹凸導致字形、章法扭曲變形

拓片的呈現是平面的，在複製起伏不平、依石勢而生發的摩崖石面時，無法本真再現其立體效果。

一般刻於石碑上的字均在同一個平面上，可是摩崖刻石所處的山體卻有著不同平面的起伏，突出的石棱、凹陷的弧度。會出現騎在曲折石棱上、嵌於石坡凹陷弧度內的字群，拓出即會變形，見（圖 5.25、圖 5.26）。由拓片呈現的《石門銘》的章法，排布十分奇異，原本按序排布的字，突然會有幾行字其秩序幾乎喪失，即每一字都不按中軸線排列，或右傾左斜，或前俯後仰，或拉伸扭曲。碑文末端數行整體傾斜飄移，橫豎擺佈越顯得無規律，看似突

發奇想、天眞稚拙、天馬行空的隨意布局，但觀察實體，以上所述反映的是行列字群處於不同山石塊面角度，在平面上呈現的結果，換言之拓片上失衡的字行，若正視其實體山石，依然爲不失秩序的正體，反之亦然。故而拓本只可呈現平面上凌亂不堪的隨意遊擺，卻無法準確還原其處於不同山石、不同平面、不同角度上的原貌以及遊走於石勢中的自然狀態。

（四）字口筆劃失眞　損失細節

石門崖面的粗礦使得拓出來的筆劃形態失眞，筆意不顯，並損失不少刀口細節。

近觀館藏《大開通》原石可見，由於石質層層剝落，字口邊上殘缺在棰拓時混入筆道。由原石看單刀刻痕細勁圓勻，而在拓片中就顯得肥而亂（圖5.25）。有些採用切口截面爲「V」形雙刀刻法的石門摩崖，由於刻工是從筆劃的內側下刀斜刊，使得每個刻畫的字口向內傾斜，刻跡磨損後字口變窄，拓出筆劃往往顯得更瘦。此外，由於薄的棉連紙在墨透紙黏石情況下難以揭起，石門拓片多用粗宣紙，遇山石突出的尖銳處，爲避免紙張破碎，只能輕輕棰之，拓入石痕略淺，有時會出現比原刻痕模糊的情況。比如《石門頌》「毒」、「苔」拓出來的效果均失精神。有些筆劃在拓片中直通而下如錐畫沙，而仔細觀察實物，筆劃刻跡形態明顯，可清楚地看到其筆劃末端斜切所形成的雁尾。

同時，拓片還不可避免損失精刻的細節和筆意之精神，有時刻痕本精美，由於刻跡表層起伏不平，拓出來形狀異樣。此對於刻工精細、忠實還原書丹筆意的石刻來說，無疑十分遺憾。這在《石門銘》中體現得尤爲明顯。比如圖中「魏」「正」等字，原石精勁而拓片略軟弱。只看拓片則很難理解其具有「筆意」還原，如果參照實物刻痕就一目了然（圖5.27）。

總之摩崖石麵條件複雜，常常導致拓片複製原刻，其信息的損失、形態的偏差，乃至錯讀誤讀。所以對其文字寫法考釋和細節的把握，還有刻跡藝術等研究，還需參照石面比照觀看爲宜。

原刻與拓片比較系列圖例如下

圖5.24 對照原刻 拓片誤差

圖5.25《石門頌》崖面起伏拓片字與布局變形

圖5.26《石門銘》崖面凹凸拓片字與布局變形

圖5.27《石門銘》拓片與原刻比較，筆意略有失眞

圖5.28《石門頌》拓片與原刻比較，筆意略有失眞

圖 5.24-1　對照原刻 拓片誤差（《石門頌》《石門銘》為例）

刻石名稱	錯誤類形	原石刻拓片	刻石名稱	錯誤類型	原石刻拓片
石門頌	裂縫石痕誤為筆劃	焉　焉 下　不 光　光	石門銘	裂縫石痕誤為筆劃	存 天　禾 道　道
	窪處墨拓不到誤筆劃缺失	余　令 難　難 秋　秋		窪處墨拓不到誤筆劃缺失	之　之 扵　扵 更　更
	拓片字口失真筆劃失細節	毒　毒 苔　苔 厥　厥		拓片字口失真筆劃失細節	魏　魏 正　正 始　始

圖 5.24-2　《大開通》對照原刻　再現拓片誤差

刻石名稱	錯誤類形	原石刻拓片	原石刻拓片
大開通	剝落石痕誤爲筆劃	平 	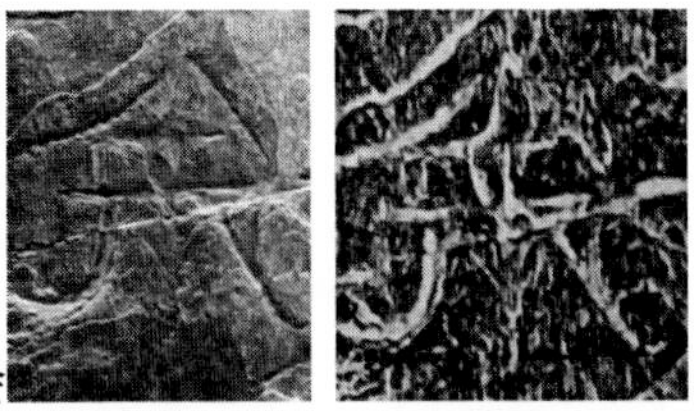 余 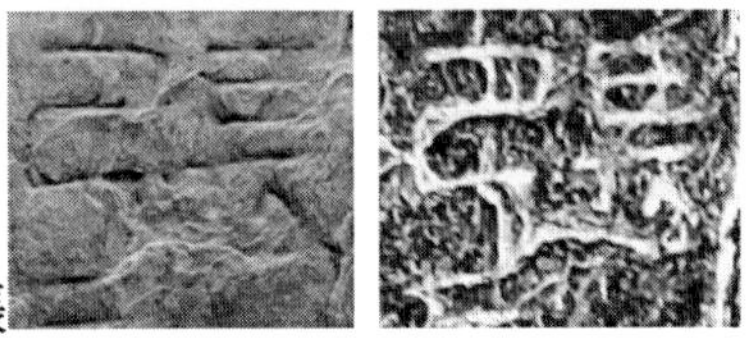 張
	凹處墨拓不到誤筆劃缺失	 王	開 
	拓片字口失眞筆劃失細節	 蜀 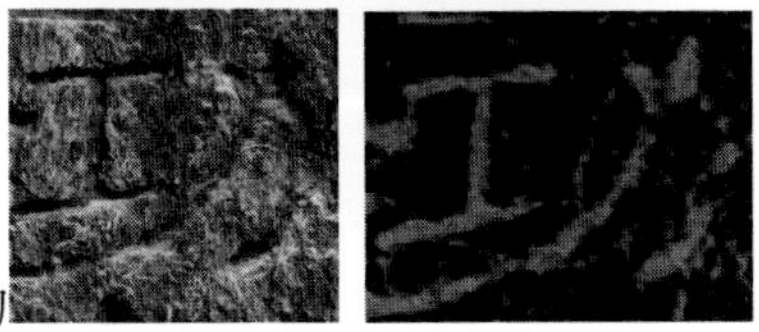 功	 千

圖 5.25 《石門頌》崖面起伏 拓片字痕與布局變形

原刻與 拓片比較	圖例
原刻崖面起 伏不平	
拓片局部字 痕與布局略 有變形	

圖 5.26　《石門銘》崖面凹凸 拓片字痕與布局變形

原刻與拓片比較	圖例
原刻崖面坑窪不平	
拓片局部字痕與布局略有變形	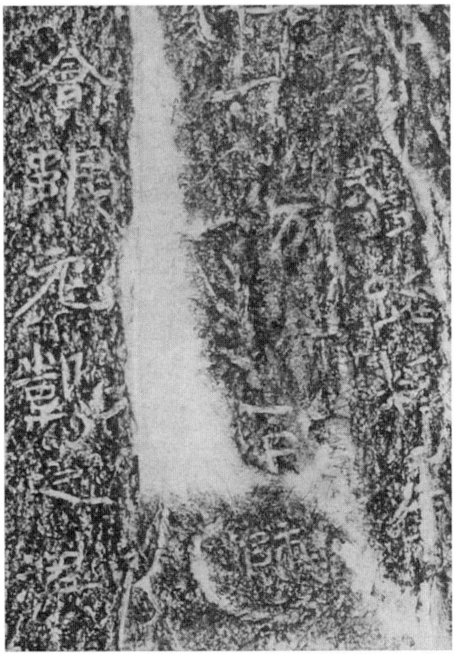

圖 5.27　《石門銘》拓片與原刻比較，筆意略有失真

原刻與 拓片比較	圖例
原刻筆意濃厚	
拓片筆意略有 失真	

三、原石與拓片相參互證的必要性

（一）拓本研究方面

金石學家研究古代各時期留下的各種拓本，其中一個重要方面就是通過拓片對原石的鑒別，即根據不同時期的拓片來判斷原石變化情況。然而，此僅適用於一般碑刻的拓片判斷慣例，在石門摩崖上卻並不一定可行。

一般來說依據拓本鑒定原則，舊拓由於原石未損而字跡清晰、完整。越往後的新拓由於原石字口被風化磨蝕，拓出筆劃比舊拓細，筆劃殘損也會比舊拓嚴重。「未損本」，一般是早期舊拓。同時可依據拓片判斷石面情況，如果新拓中出現筆道比舊拓粗、或比舊拓多出完整清晰的筆劃，即判斷碑石經過補刻洗碑。（「洗碑」即是將因風化剝蝕或人為磨損導致字畫殘缺的古碑字口刮粗、增刻完整，但失去原石本真意味）。而摩崖處於野外，受風化程度又比室內碑刻來得屬害，似乎更加強了這種判斷。

筆者認為這種慣例不完全適用於石門摩崖。由於前面所述的石面複雜性和拓工技藝、工作態度等緣由，摩崖拓片本身對於石面情況的還原存有失真概率，不能作為石面狀況演變的唯一依據。可能出現新拓由於技術改進，對刻痕的還原比舊拓完整精美，或某些局部點畫刻痕由於舊拓粗疏未曾拓到，在新的精拓中顯露。因此，僅局限於新舊拓片筆劃的殘損、留存細節的增減，來判斷石面情況，可能會造成誤判。筆者遴選常見的新舊兩個拓本，與親自所見並拍攝下的原石高清照片，以及筆者從漢中博物館獲得的新拓進行比對（圖 5.28）。

比如清代拓片《石門頌》「或解高格」之「高」字下部框中「口」部分缺失，可是後來新拓卻出現了完好的「口」，研究者多根據碑拓學慣勢，判斷新拓比舊拓多出筆劃，是原石經過「洗碑」的結果。學者秦文錦認為：「鑒家每以二十一行『高』字下『口』之有無，為拓本新舊之證，確為後人添鑿也。」王壯弘亦言「嘉慶間經洗剜後打本，『高』字下『口』剜出」。但近距離看原石即可知，此「高」字是刻在一塊上下不同層面的崖石上，刻痕一直都完好，至今仍存，只是由於「上部「亠」與「口」刻於上層崖面，而下半部的「口」與左右兩豎筆居於下一層崖面，導致棰拓的時候沒有拓到，倘若是殘損之後再補刻的話，字口當比周圍深，而見實物刻痕並無凹陷，比周圍還略淺。故可推斷此「高」，下半「口」部始終存有，僅由於舊拓未棰入下石層，刻痕未被拓到，新拓棰拓精細了一些，「口」便浮現出來。

　　另以「惟」字有無雁尾判斷石面磨損情況，認爲舊拓「隹」右部第二橫畫雁尾清晰，而新拓因原石雁尾已磨損而缺失。然觀看博物館原石即可發現，「惟」第二橫畫末端貌似雁尾，實際上是一道小石花。故而，新舊崖石「惟」字始終依然，不存在新拓缺損雁尾，亦不存在新石磨損情況。再有「危」字因舊本模糊不堪，而新本筆劃隱存，亦被誤判爲「洗碑」，觀原石不論是「臨危」之「危」，還是「安危」之「危」，其右下角崖面均存有石棱及泐殘現象，然刻痕均存，拓本刻跡是否明顯，僅爲棰拓手法差異而已。

　　鑑於石門崖面情況之特殊性，石英岩由於極端堅硬，被風化磨蝕程度不大，而拓片還原的變數較大，經常出現新拓粗細度、清晰度、筆劃完整度高於舊拓，或者處於凹陷處的舊拓未棰之處，在新拓中呈現出來，形成新拓反而比舊拓增出信息的現象，具體應當觀原石而定。對於一些未見原石而僅憑拓片判斷石面情況並引申出諸多推測，皆屬臆斷，其中一些爭論通過審視原石即可迎刃而解。因此筆者認爲，傳統的拓片判斷法對石門摩崖這種特殊材質並不完全適用，不論是對拓本鑑定，還是對石刻的研究，應當將拓片與原石情況相互參照再下結論。

　　圖 5.28 通過拓片對原石鑑別的誤判現象　附下

圖 5.28 通過拓片對原石鑑別的誤判現象
——以《石門頌》幾個字例說明

拓片與原石相參互證對石門摩崖研究之必要性	
拓片圖	原刻石圖
「高」《石門頌》倒數第二列，倒數第九字		
說明：「高」字，清代拓片不見下「口」，新拓可見下「口」，誤判爲「洗碑」，見原刻石，可知「高」字上下異面，原刻痕完整，拓本有無「口」，只因棰拓有無拓到而已。		

「惟」 位於《石門頌》第一列，正數第一字		
	說明：「惟」舊拓「隹」右部第二橫畫雁尾清晰，誤判新拓因原石雁尾已磨損而缺失。觀看原石即可發現，「惟」第二橫末端貌似雁尾，實際爲一道小石花。	
1「危」，位於《石門頌》第六列倒數第一字 2「危」位於《石門頌》第十八列正數第十六字	 	 
	說明：「危」舊拓本乚等模糊不堪，而新拓本筆劃隱存。誤判爲「洗碑」，其實不論是「臨危」之「危」，還是「安危」之「危」，其右下角，崖面均存有石棱、及泐殘現象，然刻痕均存，拓本乚刻跡是否明顯，僅爲棰拓手法差異而已。	

（二）藝術體驗優劣方面

對於書刻藝術把握方面，拓片中石花、裂紋混入刻痕的誤導、崖體殘損凹陷導致的筆劃缺失、平面拓片對原摩崖的天然立體石面在章法上的扭曲，常常造成臨摹研習過程中的疑惑和困難。古代刻者使用高超技藝、耗費巨大精力對書丹精微筆味的忠實還原，正是石門摩崖的高妙所在，其因石英岩極強的抗腐蝕風化性得以保存，實爲幸事，然而因拓片形式的缺陷帶來一系列筆跡上的損耗與形變而未能本眞呈現，殊爲憾事。若能至博物館見其原刓實體，或將原刻照片放大觀摩，當有更爲清晰的認知。

就整體藝術感受而言，先入爲主、帶著偏差的拓片印象，可能使得觀者和原本書刻藝術有「隔」。石門摩崖的館藏實物和我們日常接觸的拓片，二者是「模板」與「摹品」的關係，可以是形似、神近，但震撼力絕非等同。

書家于右任鍾情於《石門銘》，日夜心摹手追，「朝臨石門銘，暮寫二十品」，但當他於 1930 年親自到漢中訪碑，在石門隧道內見到自己日常相伴、揣摩已久的《石門銘》摩崖眞容時，震撼驚異之情溢於言表，這正是由於眞

實摩崖本體藝術表現力與拓片有著極大的差異所致。筆者習書研究亦長期關注接觸《石門銘》拓片，首次前往漢中訪碑考察，在漢中博物館近距離觀摩原石，對此亦深有感觸。以往觀拓片所形成的固有印象與直面摩崖的親身體驗形成強烈反差，方知以往所見拓片筆道、結體、布局之局限。當近距離親眼目睹漢中博物館中僅存的幾方從山體分割出來的摩崖時，不得不被其山石之奇美、氣勢之宏大、刻工之精湛所震撼。更感受到以往拓本所不可比擬的視覺衝擊體驗。大處一任自然，簡率無琢，小處別有精微，細節呈見精神。山石巍然蒼茫，嶙峋突出，斑駁陸離，文字於其上散落，有如造化天成。直面原石刻痕而走，盡情想像還原其遠在千年的刊刻製作場景，極力理解其因地制宜處理刻跡結體的原本意圖。筆者認為，摩崖這種石刻形式，其本身特殊美感很大程度上是源於精妙刀法與蒼茫山石二者之結合。如果缺乏對山石本然狀態的體驗，對其美感的領悟勢必不能完全。這種美是傳統拓片所無法傳達，即便是現代高科技手段亦無法再現的，非置身其中不能領悟其妙。

　　綜上，拓片是對摩崖原石「模板」有效的複製手段，對於廣泛傳播觀賞很有價值。然由於石門摩崖之特殊性，拓片難於完整、真實地再現其真容，刻石信息損失和石貌偏差在所難免，造成藝術印象的「懸隔」和文字刻跡的誤讀。因此，博物館中現存清晰可見的實物是最為寶貴的資料。其為考釋研究提供真實可信的原始證物，也原生態地呈現著崖面「石氣」的真實藝術震撼力。回歸館藏，立足原石，與拓片相互參照，方能準確、真切地領悟摩崖書刻之精。